じっぴコンパクト文庫

# 地図に秘められた「大阪」歴史の謎

JN267456

実業之日本社

# はじめに

『大阪「駅名」の謎 ―日本のルーツが見えてくる―』(祥伝社黄金文庫)という本を出したのは、平成二一年のことだった。きっかけはＡＢＣ朝日放送の『ビーバップ!ハイヒール』という番組に二度にわたってゲストとして出演させてもらったことであった。大阪のタレントさんと大阪出身の作家・筒井康隆氏らと大阪の駅名の由来を探った番組だったが、そのとき初めて大阪人の強烈なまでに郷土を愛する心を知った。

「これならいける!」と思って先の本を書いたのだが、約一年にわたる取材で、大阪の歴史の魅力にはまってしまった。学校の歴史で古代史となると、すぐ「奈良」時代、「平安」時代となってしまうのだが、その前に「大阪」時代があったことを私たちは見落としていたようだ。

『大阪「駅名」の謎』は、まるで日本国民が見落としてきた古代の謎を解き明かすような本となった。結果、大きな反響で迎えられたのだが、その背景には、大阪の人々が大阪の豊かな歴史に気づいていないという事実があった。

本書は古代史というよりはむしろ近現代史にシフトして書かれている。「大阪のミステリーを歩く 不思議地図」「ホンマの大阪が味わえる ディープ名所案内」「ルーツをたどれば思わずなっとく ユニーク地名案内」「東京には負けまへん ナニワ交通地図」『水の都』はこうしてできた 大阪まる見え地理案内」と続くが、どこを見ても大都会大阪に隠された歴史の魅力が満載である。大阪の「地理・地名・地図」にまつわるエピソードを四七個集めてみた。きっと大阪人の皆さんの郷土愛に応えてくれるものと確信している。

ふだん通り過ぎている街に意外な事実が隠されていることに気づいたら、もっと大阪が好きになる。読んで「ちょっと得する本」である。

いつも書いていることだが、私が専門に研究してきたのは民俗学者・柳田国男であった。柳田は学問というものは生活上の「疑問」「問い」からスタートしなければならぬと主張していた。何気なく通り過ごしている生活上の事実から私たちは学ぶ必要がある。

本書は小学生から年配の方々まで気楽に読んでいただける構成になっている。また大阪人だけではなく、大阪に勤務している方々、そして大阪ファンの方々にも手に取っていただけたらさらに嬉しい。

最後にロム・インターナショナルの北城諭氏にお世話になった。記して感謝申し上げたい。

谷川彰英

◉目次



## 第1章 大阪のミステリーを歩く不思議地図

## 第2章 ホンマの大阪が味わえるディープ名所案内

## 第3章 ルーツをたどれば思わずなっとく ユニーク地名案内

## 第4章 東京には負けまへん ナニワ交通地図

## 第5章　「水の都」はこうしてできた 大阪まる見え地理案内

# 第1章
# 大阪のミステリーを歩く不思議地図

# 「阿倍野」と「阿部野」どうしてこんなにややこしくなったのか？

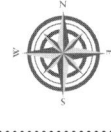

二〇一四（平成二六）年春、大阪市阿倍野区《あべのく》に、高さ三〇〇メートルにも及ぶ「あべのハルカス」ビルが誕生した。日本一の営業面積の百貨店をはじめ、最先端オフィス、国際級のホテル、都市型美術館や展望台などで構成される新ビルは、大阪の新しいランドマークとなることは間違いない。

ここ阿倍野区は、大阪市では梅田《うめだ》、難波《なんば》に次ぐ繁華街で、ＪＲや地下鉄、近鉄などが乗り入れている。そのターミナル駅は、ＪＲの天王寺《てんのうじ》駅と、近鉄の大阪阿部野橋《あべのばし》駅だ。

さて、ここでややこしい事実に突き当たる。

それは阿倍野区と大阪阿部野橋駅。なぜか「べ」の字が「倍」と「部」で異なるのだ。なにもこれは誤植ではない。じつは「あべの」には「阿倍野」と「阿部野」が混在している。

## ●バラエティな表記をもつ阿倍野区

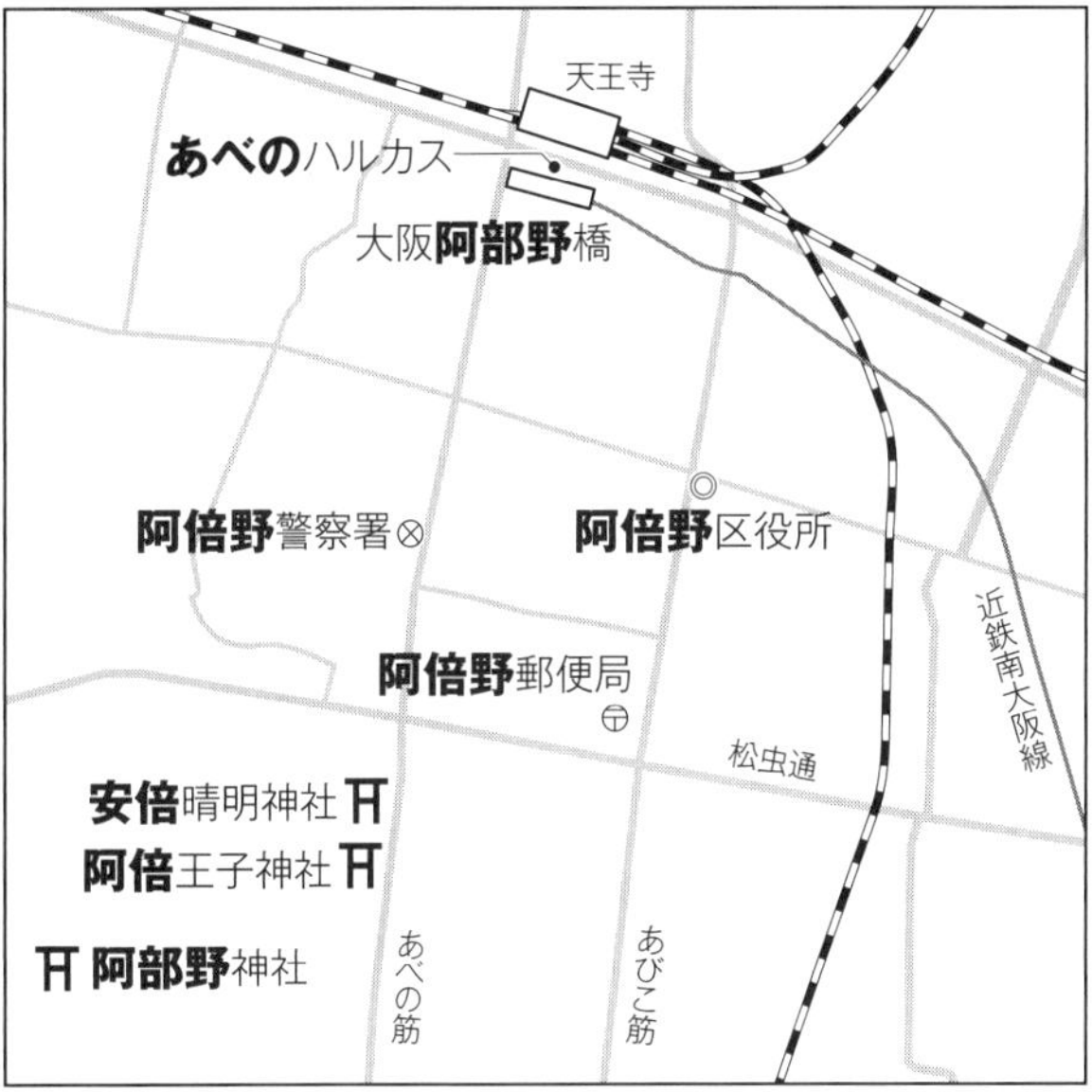


なぜ、こんな状況が生まれてしまったのだろうか。

『阿倍野区史』によれば、「阿倍野」の由来は、区内に鎮座する阿倍王子《あべおうじ》神社や安倍清明《あべのせいめい》神社をルーツとするなどの諸説あるが、古代、この地を領地とし、阿倍寺の建立者でもある豪族・阿倍氏説が有力だ。当時、この地は広大な野原だったことから、阿倍という地に「野」がついたというのである。

しかし、室町時代以降になると、「阿部野」という表記が生まれ、それまでの「阿倍野」と混在するようになった。どういう経緯で「阿部野」が誕生したのかについては、はっきりしない。

## ひらがな表記で紛らわしさを回避？

こうして現代に至るわけだが、一九二三（大正一二）年、近鉄がこの地に鉄道を開業したことで、いっそう紛らわしい状況になる。翌年の一九二四（大正一三）年、隣接する国鉄（現・JR西日本）の天王寺駅と区別するために、それまでの駅名だった「大阪天王寺」を改称することになった。その当時の天王寺村の字名《あざな》が「阿部野」だったことから、「大阪阿部野橋」という駅名に決定したのである。

一九四三（昭和一八）年には、住吉区が三つに分割されることになり、住吉区、東住吉区、そして阿倍野区が誕生した。このとき、行政側でも区名を「倍」と「部」のどちらにするかという議論が起こったようだが、結局、区内の土地台帳や戸籍原簿が「倍」を使っていたために、「阿倍野」を採用したという経緯がある。

こうしてひじょうにややこしい「あべの」が生まれたというわけだ。市バスの停留所では、正式名称が「阿倍野橋」であるにもかかわらず、混乱をさけるために、「あべの橋」とひらがな表記にしている。

真意はわからないが、「あべのハルカス」が、ひらがなを採用したのも、うなずけるというものである。

# 奈良県までを飲み込んだ広大な「堺県」誕生秘話

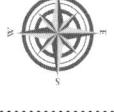

大阪府堺市《さかいし》は、今でこそ大阪市に次ぐ第二の都市だが、かつては大阪でもっとも発展していた土地だった。室町時代の末期、南蛮貿易で富を蓄えた堺は豪商による自治を開始。その繁栄ぶりは、フランシスコ・ザビエルも訪れたほどである。

しかし戦国の世になると、織田信長の軍門に下って自治は終了。また、江戸時代には鎖国政策によって貿易ができなくなり衰退しはじめる。それでも鉄砲の製造や千利休《せんのりきゅう》による茶の湯、たばこ包丁の伝統技術など、文化面では影響を与え続けた。

そんな堺が、再びスポットライトを浴びたのが明治時代である。一八六八（慶応四）年、明治新政府は、それまで新政府の直轄地としていた大阪市街地と堺市街地を、それぞれ大阪府、堺県としたのである。

翌年の一八六九（明治二）年五月には河内《かわち》県を編入し、廃藩置県後の府県整理

## ●明治期に誕生した堺県の範囲

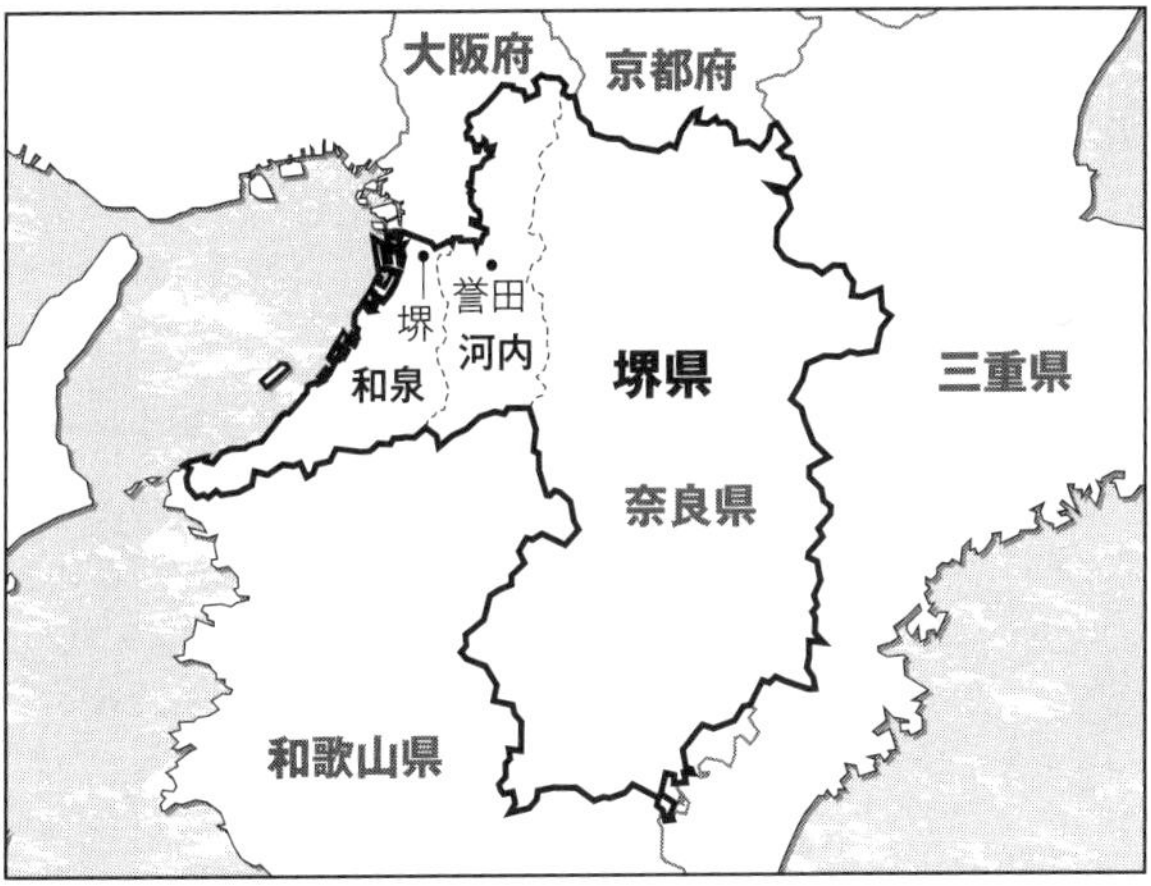


によって和泉国《いずみのくに》四郡・河内国一四郡全域を管轄。一八七六（明治九）年には、奈良県までが堺県に吸収されたのである。

　これにより、堺県の範囲は、大阪南部とほぼ現在の奈良県を含めた広大な範囲にまで広がり、人口は九三万七〇〇〇人余りにまで膨れ上がった。当時の大阪府の人口が約五五万三〇〇〇人であることを考えると、堺は倍近くの人口を持つ巨大な県であったことがわかる。

　これだけ大所帯となれば、問題も多くなる。なにしろ県庁が堺にあり西側に片寄りすぎているため、不都合をきたしはじめたのだ。このあたりの話は、『青山四方にめぐれる国―奈良県誕生物語―』（廣吉壽彦ほか）に詳しい。

それによると、旧奈良県は山国で村落が散在していて、道路も未整備な箇所が多かったので交通状態がよくなかった。とくに南部の村は、あまりに堺の県庁から離れているために、布達《ふたつ》が遅れがちになるうえ、人の往来にも多額の費用がかかったと記されている。

また、堺県の出張所が、奈良の旧県庁に置かれたものの、新しい願いや届けなどは堺の県庁まで赴かなければならず、住民は非常に不便を強いられたようだ。困った堺県は、県庁を現在の羽曳野市《はびきのし》にあたる古市郡誉田村《ふるいちぐんこんだむら》に移そうとまで考え、当時の太政大臣に嘆願書を提出している。ここには、県庁移設に伴い堺県の名を、誉田県に改称することまで盛り込まれていた。

結局、県庁移設は政府から承認されず、堺県はそのまま残ったが、もし許可されていれば、現在の堺市は存在していなかったかもしれない。

この広大な堺県も、一八八一（明治一四）年には大阪府に合併される。そこには、大阪府の範囲が狭く、治水事業などに資金が膨大にかかるために経済的に苦しいという理由があった。これに伴い旧奈良県は、堺県から今度は大阪府となった。

これに対して、振り回され続ける奈良の住民は憤慨。奈良県再置運動を展開し、その結果、一八八七（明治二〇）年一一月、ようやく現在の奈良県が再置されたのである。

# じつは飛び地だらけ 三市が交わる大阪国際空港

大阪市内にもっとも近い空港は、大阪国際空港である。通称「伊丹《いたみ》空港」として親しまれている。

不思議なのが、正式には「大阪」といいながら、通称を「伊丹」と呼んでいる点だ。伊丹は兵庫県の市名のひとつである。しかし住所を調べてみると、大阪府豊中《とよなか》市《し》蛍池西町《ほたるがいけにしまち》となっている。これはターミナル事務所が豊中市にあるためだ。ではなぜ、「伊丹」と呼ばれてきたのか。

じつは大阪国際空港は、大阪府の豊中市と池田《いけだ》市《し》、兵庫県の伊丹市の三市にまたがって建っている空港である。

豊中市教育委員会によると、この空港は戦後、米軍基地として使用されており、そのころからすでに「イタミ・エアベース」と呼ばれていたようだ。一九五八（昭和三三）年に米軍から土地を返還されたが、米軍基地時代の名残りから、伊

●三市にまたがる大阪国際空港

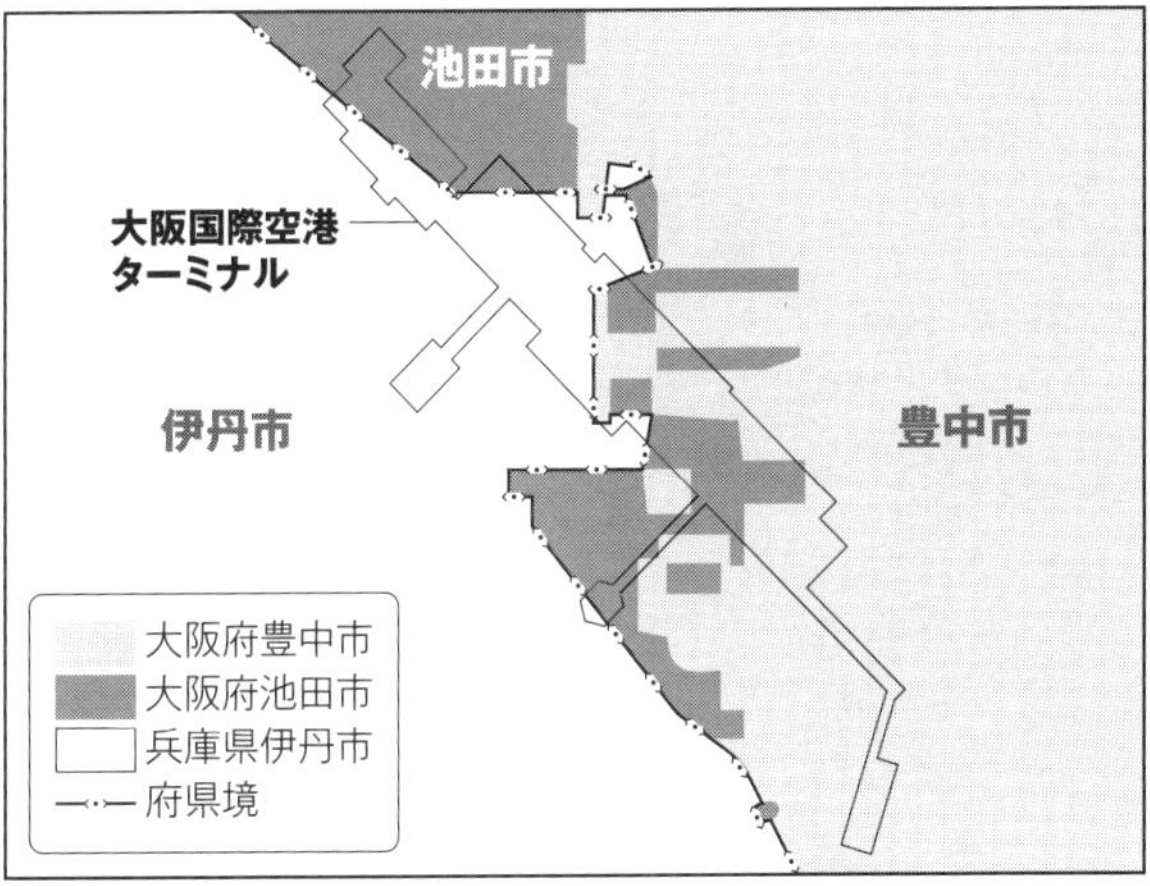


丹空港という名で呼ばれ続けているというわけだ。

これだけでもややこしい話なのだが、さらにややこしいことがある。

市町村名が記載された地図を開いてみるとわかるが、なんと、空港内に非常に細かく市町村を区切る市境線が引かれている。大阪府豊中市と池田市、兵庫県伊丹市の三つが敷地内にあることはすでに述べたとおりだが、ここは多数の飛び地が入り乱れている。

地図を詳細に調べてみると、豊中市の領域に伊丹市と池田市の飛び地がいくつもあり、さらに池田市の飛び地のなかに豊中市の飛び地があるという二重飛び地まで存在するという有り様。

しかも、ひとつの飛び地がわずか二〇メートル四方にも満たない小さなものまであるのだから驚いてしまう。ターミナルビルを端から端まで歩けば、府県境や市境を何度もまたぐことになるのだ。

大阪国際空港周辺の飛び地は、江戸時代からすでに存在していたようだ。一七三一（享保一六）年に描かれた地図『享保一六年小坂田村《おさかでんむら》絵図』には、現在の伊丹市の飛び地がすでに記されている。つまり、二八〇年以上の歴史があるというわけだ。

この地に飛び地が多い理由は、はっきりしないが、豊臣秀吉の太閤検地《たいこうけんち》が関係しているのかもしれないという推察がある。太閤検地を行なう際、徴税しやすくするために、それまであった村境を無視して細かく分割。その結果、検地で別の区割りとなった場所に自分の田畑があった場合、飛び地として子孫に引き継がれてきたのではないかという（『日本経済新聞』二〇一一年一一月九日付）。

## どうやって管轄しているのか?

ここで気になるのは、建物が府県境に建っている場合、どこが管轄をするのかという点である。

住所が豊中市になっていることから、基本的には豊中市の管轄となり、たとえば空港内の郵便局は、豊中南郵便局大阪空港内分室となっている。

しかし、警察になるとそうはいかないようで、大阪府豊中警察署空港警備派出所と兵庫県伊丹警察署空港警備派出所というように別々に存在する。

南ターミナルビルで事件や事故が発生すれば豊中署が、北ターミナルビルで問題が起これば伊丹署が担当することになっている。ターミナルのどまん中で事故や事件が起きた場合はどうなるのか、その点は気になるところではある。

気になることといえばもうひとつ、税収についてだが、大阪国際空港は国有地なので、市境が税収に直接関係することはない。また、ターミナル内には居住者も存在しないので、行政上の問題も起こりえない。こういった点が、境界線が複雑なままであっても、たいした支障もなく今日までできた理由でもあるようだ。

それにしても、なぜこんな複雑な土地に空港を建設したのか。

大阪国際空港の前身は、かつて大阪市木津川尻にあった大阪飛行場である。大阪飛行場は、当時「煙の都・大阪」と呼ばれるほど、工場の煙突から排出される煙が多かった。そのために視界が悪く、事故が多発。

一説には、手狭になったことや、騒音問題への対策もあり、飛行場を移設することになったときに、煙の障害がなかった現在の場所が移転先として選ばれたという。

# 町名にアルファベット表記が……「上町A」の謎

大阪の中央区に上町《うえまち》一丁目という場所がある。一丁目があれば、当然つぎにくるのは二丁目、三丁目となるはずである。

ところが不思議なことに周辺に二丁目も三丁目もない。あるのは、なんと「上町A」。住所表記も「上町A－1」といった具合で、まるでマンションや集合住宅の表示のようである。これが正式の住所で、きちんと街区表示板にも記されている。

なぜ住所にアルファベット表記があるのか。

上町は、もともとは上町台地上にある町の総称である。難波宮《なにわのみや》、大阪城があったことからわかるように、むかしは政治・行政の中心地であり、とても古くからある町だった。

一九七九（昭和五四）年、この上町のすぐ隣にあった広小路町《ひろこうじまち》、寺山町《てらやままち》、内安《うちあん》堂寺町《どうじまち》などの複数の町が統合され、町名を上町一丁目としたことが発端である。ここにいたって、「上町」と「上町一丁目」という町が隣り合わせに存在することになったのだ。

これだけでも紛らわしいはずだが、問題が顕在化したのは一九八九（平成元年）、大阪市の東区と南区が合区して中央区になったときのことである。

当時、東区に所属していた元祖・上町の住所を、新たな番地に振り直す住所表示法が実施されることになったのだ。

元祖・上町に丁目をつけず街区符合をつけてしまうと、隣に上町一丁目があることで、不都合なことが起こる。

たとえばハイフンで表示された「上町一－一」。これは上町の「一番一号」なのか、上町一丁目の「一番」なのかわからない。両者の住所が非常に似通ってしまうため、混乱してしまう。住所を書く際、かならず「上町一番一号」か「上町一丁目一番○号」と表記すれば問題ないが、そうとは限らない（むしろハイフンで書く場合のほうが多いだろう）。

これを区別する方法はないかと考えた結果、出た結論が、一方にアルファベッ

●上町A～Cと上町一丁目の位置関係

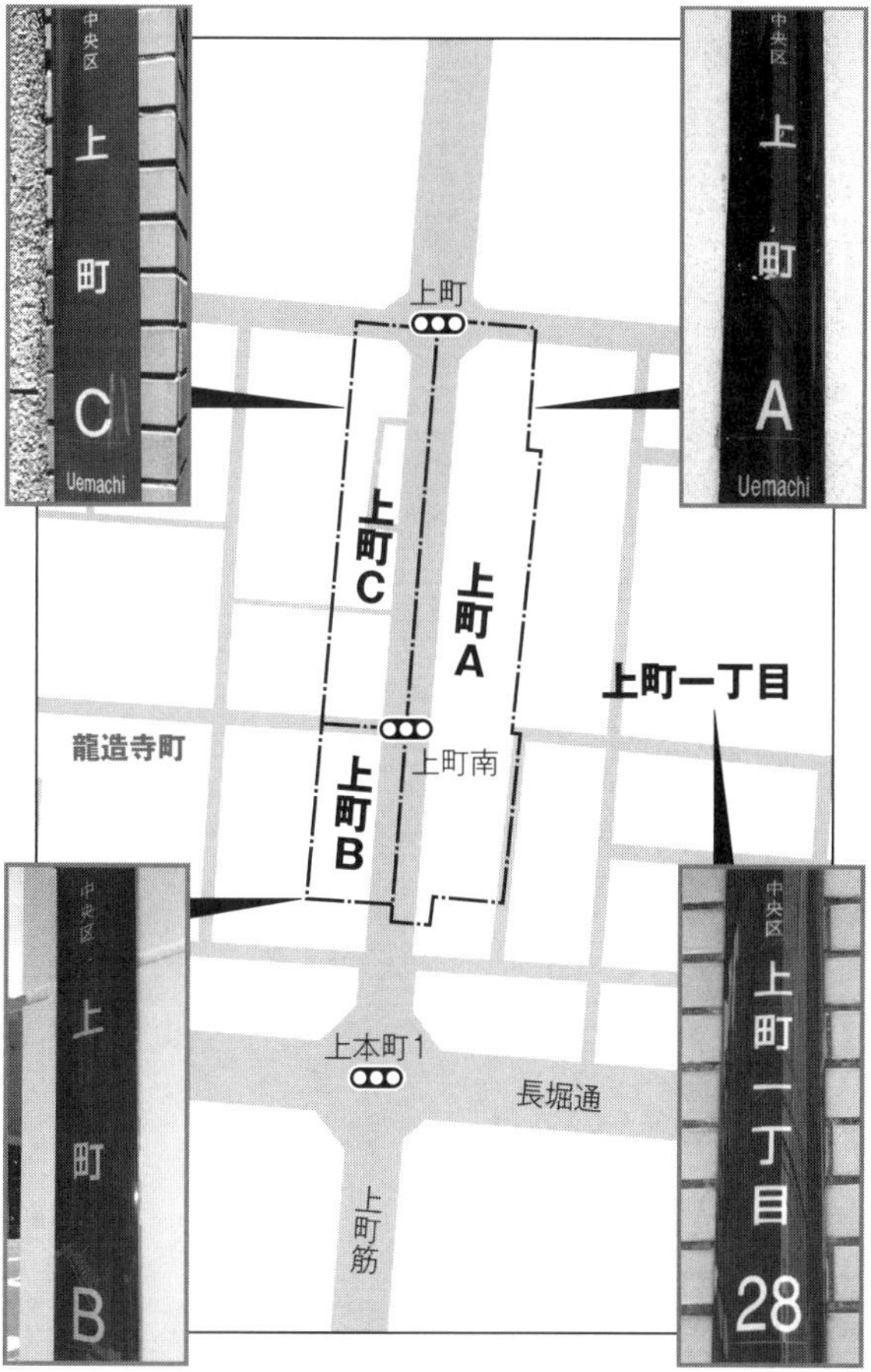

トをつけるというものだった。

## 「二丁目」誕生は地元の反対で断念!?

アルファベットを住所につけるぐらいなら、元祖・上町を、上町二丁目というように、上町一丁目に続く住所にすればよいではないか、とも思えるだろう。

事実、上町一丁目が誕生した際、当時の東区では、元祖・上町を上町二丁目とする案も出ていたようだ。

しかし、この案はなぜか採用されなかった。記録に残っていないので確かなことは不明だが、一説では、元祖・上町の住民から「どうしてもともとあった上町が二丁目で、あとからついた上町が一丁目なのか」と、疑問の声があがったからだという。

こうして元祖・上町の住所にアルファベットがつくことになったのだが、使われているアルファベットは、Aだけではない。BとCまである。

大阪市中央区の一九八九(平成元)年二月一三日の住所登録変更には、つぎのように記録されている。

（旧）上町一番地～一六番地　↓（新）上町A
（旧）上町一七番地～二〇番地　↓（新）上町B
（旧）上町二〇番地～三二番地　↓（新）上町C
（二〇番地はBとCにまたがる）

歴史ある町でありながら、ここ一帯はアルファベットで区割りされているというギャップが、おもしろいと感じつつも、地元民の土地に対する強い思いが秘められているようだ。

# 製薬会社の本社が東京ではなく大阪府・道修町に多い謎

地下鉄御堂筋《みどうすじ》線の淀屋橋《よどやばし》駅や本町《ほんまち》駅界隈に道修町《どしょうまち》がある。一見、オフィス街のようだが、大小の製薬会社がひしめき合う「薬の町」でもある。この地に本社を置く製薬会社は、武田薬品、塩野義製薬、大日本住友製薬、カイゲンファーマなど、よく知られた名前がずらりと並ぶ。田辺三菱製薬も現在でこそ本社は少し北側（北浜《きたはま》）に移転しているが、もともとは道修町にあった。多くの有名企業が東京ではなく、道修町に本社を構えている。

そのほか、中小の製薬会社や個人経営の漢方薬店などが軒を連ね、どちらを向いても、薬関連の看板が目に入るほど薬の会社が多い。

道修町は豊臣秀吉の時代から発展しはじめた。長崎からの輸入品を扱う貿易商の町として発展し、中国から輸入される唐薬種《とうやくしゅ》（漢薬）を扱う商人たちが道修町に集まったのだ。

●製薬会社の本社が集まる道修町エリア

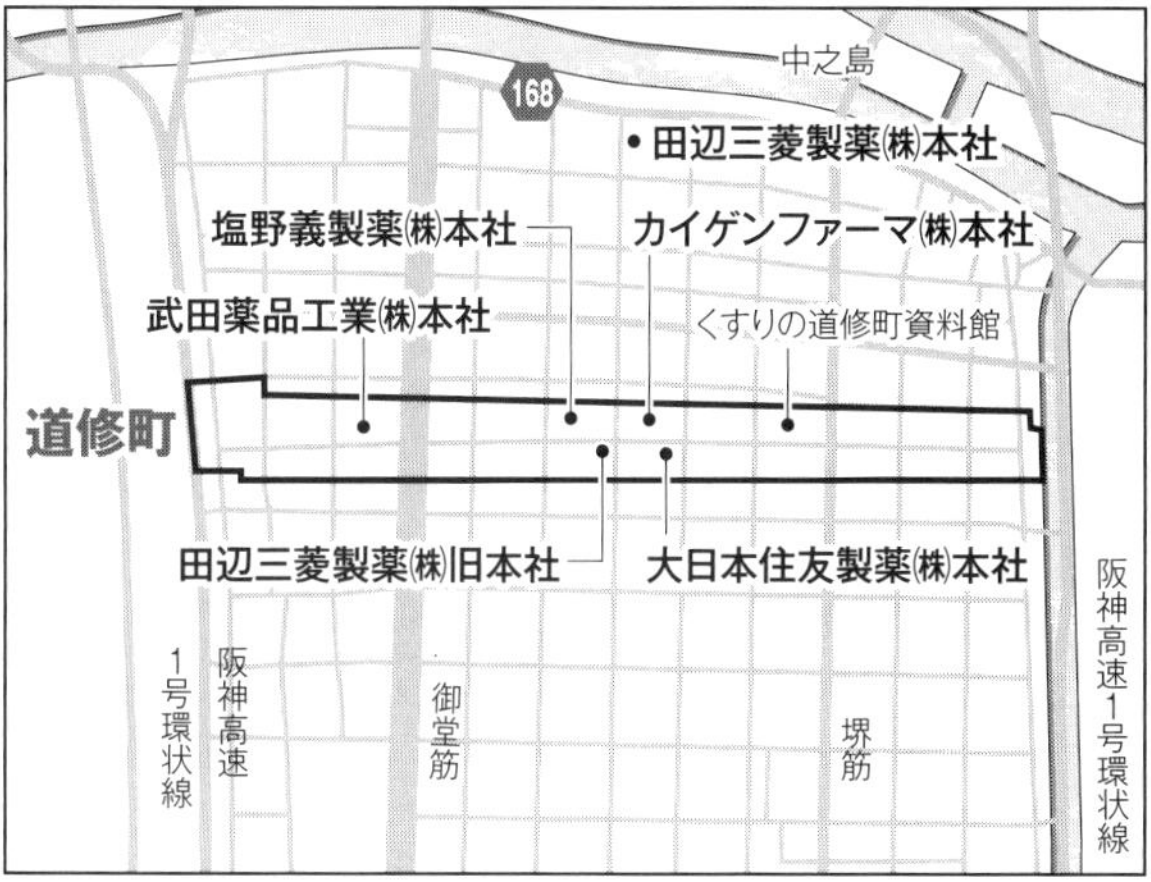


薬の町としてはっきり形づくられたのは、江戸期の一七二二（享保七）年、八代将軍・徳川吉宗《よしむね》のとき。幕府が、薬種商一二四軒に「薬種中《なか》買《がい》仲間《なかま》」という免許を与え、その地位を保証したことにはじまる。薬種中買仲間は、道修町の一丁目から三丁目に住むことが義務づけられ、この地は薬の町としての色が濃くなっていった（『くすりのまち道修町』）。

当時、日本は鎖国をしていたため、唐の薬は中国船やオランダ船によって一旦、長崎に集められた。それが海路によって大阪の道修町に運ばれた。免許を与えられた道修町の薬種中買仲間は、長崎からきた唐薬種の真偽、品質を鑑別し、目方を測り、買い付けしてここから全国に流したのである。

道修町の薬種中買仲間は、唐薬種はもちろんのこと、和薬種《わやくしゅ》の鑑別の専門家としても優れた技術力を身につけていたことから、道修町は日本の薬種流通の中心地となっていったのだ。このころ活躍した薬種中買仲間に、近江屋長兵衛《おうみやちょうべえ》（のちの武田薬品）、田辺五兵衛《たなべごへえ》（のちの田辺製薬）などがいた。

## いまに受け継ぐ「薬の町」の伝統

明治になって株仲間が解散になってからも、道修町の中買仲間は近代的な組合に移行し、流通の中心地としての役目も変わらず維持した。一九三九（昭和一四）年に公定価格になるまで、道修町の薬品相場が全国に影響し続けた。

また西洋医学が入ってくると、道修町でも西洋の薬学・洋薬を扱うようになる。一八八六（明治一九）年には薬種業者、製薬業者によって道修町二丁目に大阪薬舗学校が開校され、四年後には共立薬学校になった。これが現在の大阪大学薬学部の前身である。

一九〇四（明治三七）年には、道修町三丁目に大阪道修薬学校を開校し、のちに大阪薬科大学となっている。

このように道修町は、唐薬・和薬からはじまったものの、明治になって西洋医学が入ってくると近代薬学教育にも熱心に取り組み、現代に至るまで「薬の町」として伝統を継続しながら発展してきたのである。

現在、東京に本社を移した製薬会社はもちろんあるが、道修町に本社を置くことにこだわる企業も存在する。そこには道修町が受け継いできた薬の伝統を忘れまいとする誇りが感じられる。

## 大正時代
# 大阪は東京を抜いて日本一の都市だった

江戸時代、「天下の台所」といわれるほど栄えた大坂であったが、明治維新によって、大きな変化のときを迎えた。首都が東京に移ったため、それにともない経済の中心も東京へ移行していったのだ。しだいに住民は郊外に移っていき、船《せん》場《ば》や北浜《きたはま》で栄えた古い商店や問屋も担い手を失った。

しかし、一八七四（明治七）年に大阪駅が誕生し、一八七七（明治一〇）年には京都まで鉄道が結ばれ、一八八九（明治二二）年には、新橋〜神戸の東海道線が開通すると大阪の近代化に拍車がかかりはじめる。

同年、大阪市制が発足して大阪市が誕生。このときは江戸時代の町並みをそのまま東西南北の四区に分けただけで、広さは約一五平方キロメートルにすぎなかった。人口も五〇万人程度だった。

このころから大阪の都市化と人口集中が加速する。一八九七（明治三〇）年には第一次市域拡張が行なわれ、市の面積は一挙に三倍以上の五五平方キロメートルになり、人口も七五万人に増えたのだ（『近代大阪年表』NHK大阪放送局編）。

一九〇三（明治三六）年には、天王寺公園で第五回内国勧業博覧会が開催された。日本で初めての万国博覧会で、これが契機となって大阪はますます巨大化していくことになる。

## 人口が東京を上回る！

一九二五（大正一四）年には第二次市域拡張が実施され、西成郡《にしなりぐん》、東成郡《ひがしなりぐん》の四四か町村を市域に編入した。そのため大阪市の面積は約一八〇平方キロメートルに達し、関東大震災の被害によって市域の整備が遅れた東京市の二倍の面積となった。大阪市の区は東西南北の四区をさらに分割して八区にし、新たに住吉区、西淀川区、東淀川区、西成区、東成区の五区を加えて一三区になった。

人口は約二一一万人となり、当時一九九万人の東京を上回る日本一の、世界でも第六位の大都市となったのである。いわゆる「大大阪時代」の到来である。

これを記念して、一九二五（大正一四）年三月一五日～四月三〇日には、大阪毎日新聞社主催による「大大阪博覧会」なる催しまで天王寺公園で開かれた。当時の活況ぶりが伝わってくるというものだ。

大阪は経済の中心となり、商工業、建築、貿易から、文芸や芝居など芸術文化が花開いた。とくに工業の発達は目覚ましく、繊維工業、金属、化学などが急速に伸長した。

住友、鴻池《こうのいけ》、野村などの財閥企業の活躍のほか、新興実業家の台頭も目立ったときだ。松下幸之助《まつしたこうのすけ》で知られる松下電器（現・パナソニック）をはじめ、建築の大林、仁丹の森下、日本ペイント、産業機械を扱うクボタ、発動機のヤンマーなど、いまに続く企業がこのとき産声をあげたのである。

また当時、大阪には近代的な名建築のビルが次々に建てられ、モダンな近代的都市となった。それらの建物はデザイン、設計、意匠に優れ、現在も大阪市のレトロな雰囲気を漂わすビルとして保存されている。

たとえば、大阪の象徴といわれる赤レンガの「大阪中央公会堂」をはじめ、「府立中之島図書館」「日本銀行大阪支店」「三井住友銀行大阪中央支店」などである。

このように大大阪時代は、東京をしのぐ発展ぶりを見せた時期であり、大阪の近代化を語るうえで外すことはできない時代なのである。

# 国土地理院も認める「ポンポン山」とは？

大阪府北東部にある高槻市《たかつきし》は、神武《じんむ》天皇東征の折に、可美真手命《うましまでのみこと》がその勲功によって賜ったとされる歴史ある地である。

市内には古墳や古社寺が多い。国史跡となっている今城塚《いましろづか》・阿武山《あぶやま》古墳をはじめ、日本三大毘沙門天《びしゃもんてん》のひとつ本山寺《ほんざんじ》、毘沙門天の秘仏を有する神峰山寺《かぶさんじ》などの寺があり、さらにはキリシタン大名・高山右近《たかやまうこん》の居城であった高槻城もある。

このような多くの歴史的観光地と並ぶ名所がもうひとつある。

それがポンポン山だ。ポンポン山などというと、ただの地元民による愛称のように思えるが、そうではない。国土地理院の地図にも、ポンポン山として表記されているのだ。加茂勢山《かもせやま》という別名はあるのだが、そう呼ぶ人はほとんどいない。

ポンポン山は、高槻市と京都市の境界に位置し、標高六七八・八メートルの山である。高槻市でもっとも高い山で、山頂からは京都の北山、高槻や茨木《いばらき》の市街が眼下に広がる。秋は紅葉に彩られ、元旦には初日の出を拝もうという人で賑わうスポットだ。

このユニークな名前は、山に登っていくと、頂上に近づくにつれて足音がポンポンと響くことからついたという。

音がする理由は、この山周辺の谷には石灰岩の洞窟が多く、音が反響するからとか、いや、埋蔵品の空洞があるからなどと諸説ある。

●国土地理院の地図にあるポンポン山

加茂勢山ではなくポンポン山として記載されている（出典：国土地理院1:25000地形図　京都西南部）

いつからこの名前で呼ばれるようになったのかは定かではない。

じっさい歩いてみると距離があるが、林道は舗装されており、途中、本山寺や神峰山寺にも立ち寄れる。ぜひ一度登ってみて、ポンポンという音をたしかめてみてはどうだろう。

# 川も見あたらないのに なぜ「橋」のつく交差点があるのか？

大阪駅のほど近くにある梅田新道《うめだしんみち》交差点は、東京都・日本橋を起点とする国道一号線の終点であり、また、大阪から福岡県・北九州まで続く国道二号線の始点でもある。この国道二号線から西方面に向かうと、すぐに桜橋《さくらばし》交差点に出る。その先には、出入橋《でいりばし》、浄正橋《じょうしょうばし》と、「橋」の名前がつく交差点が続く。

しかし周囲に河川は見当たらず、ビルが並ぶばかり。橋の地名がついているのは、なんとも不可解である。

これは、かつて蜆川《しじみがわ》と呼ばれる川が流れていた名残りだ。

蜆川は、現在の大阪高等裁判所あたりから堂島川《どうじまがわ》の支流としてはじまり、国道二号線に沿って西方向へと弧を描きながら流れていた。そして堂島大橋と船津橋《ふなつばし》の中間で、再び堂島川と合流する川だった。これは人工の堀川ではなく、旧淀川の一本で、曽根崎川《そねざきがわ》、梅田川《うめだがわ》、下流では福島川《ふくしまがわ》とも呼ばれていた。

名前の由来は、堂島シジミと呼ばれるシジミがとれたからとも、川幅が徐々に縮んだので、ちぢみ川から転訛《てんか》したものともいわれる。

江戸時代、川には、難波小橋《なにわこばし》、蜆橋、曽根崎橋、桜橋、助成橋、緑橋、梅田橋、浄正橋、汐津橋《しおつばし》、堂島小橋の一〇もの橋が架けられ、堂島新地や曽根崎新地が開かれて茶屋が並び賑やかだった。江戸時代を代表する浄瑠璃・歌舞伎作者の近松《ちかまつ》門左衛門《もんざえもん》が書いた『曽根崎心中《そねざきしんじゅう》』『心中天網島《しんじゅうてんのあみじま》』の舞台でもあり、有名な場所だった。

しかし、庶民から親しまれた蜆川は、いまや見る影もない。それは一九〇九（明治四二）年に起きた「北の大火」にはじまる。

七月三一日の早朝、北区空心町《くうしんちょう》にあったメリヤス販売業者の家から出火。当日、強風が吹いていたため、火は風にのって西へと広がった。消火活動と同時に、建物を破壊して延焼を食い止めようとしたが、火の勢いは予想以上に強く、結局、丸一日燃え続けた。

この火事による焼失戸数は約一万一三六五戸を数え、被災地面積は一・二平方キロに及び、二〇町が壊滅したという（『大阪市の歴史』大阪市史編纂所）。

## ●在りし日の蜆川ルートと橋

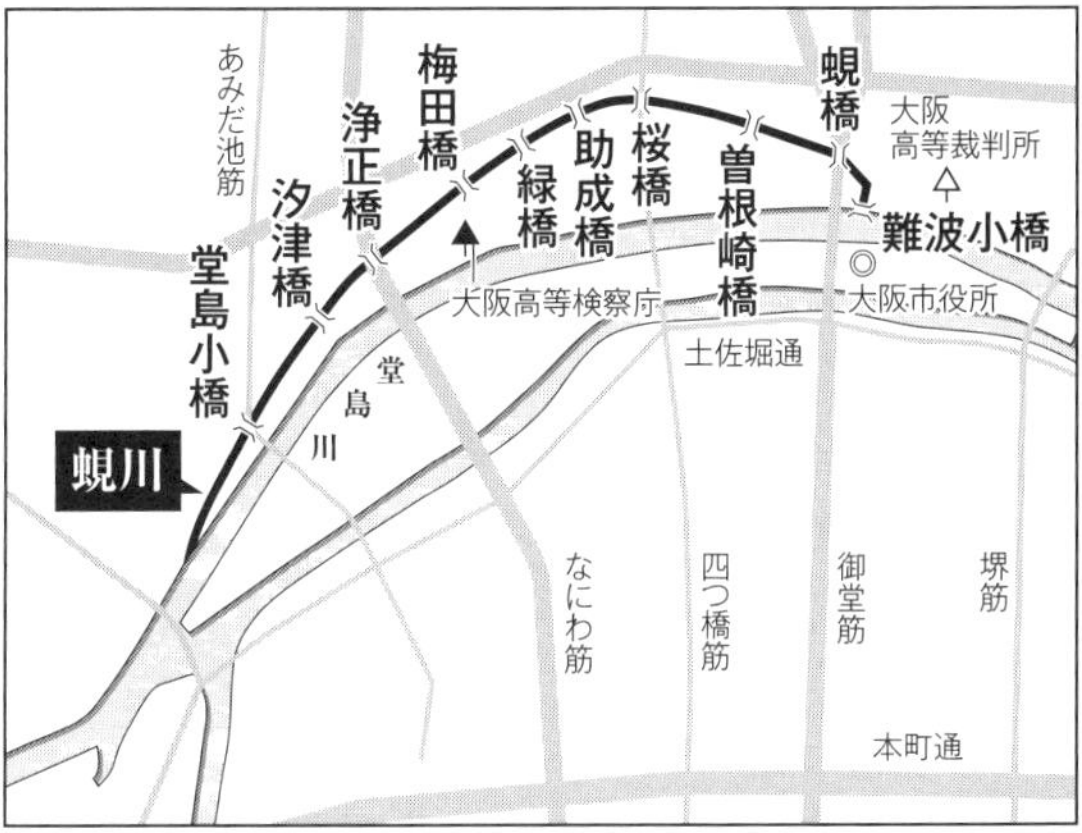


## ●北の大火による堂島・曽根崎の焼け跡（1909年）

中央に流れる川が、のちに埋められることになる蜆川（提供：毎日新聞社）

火事のあとに残ったのは、焼け崩れた瓦礫《がれき》の山である。捨て場に困り、蜆川がその代替地となったのだ。

もし火事など起こらず、その姿を残していたならば、ミナミの道頓堀川《どうとんぼりがわ》のように、キタのシンボルとなっていても不思議ではなかったはずだ。

# 東京といえば関東地方<br>では大阪は関西地方？ それとも近畿地方？

東京では関東地方という呼び方しかないが、大阪は関西地方、近畿地方という言い方ができる。事実、社会科の教科書では近畿地方として表記されている一方で、大阪を中心とする近県では、関西地方という言い方をよく耳にする。

そもそも関西と近畿はどう違うのか。ともに上方を中心とした地域を指していることは想像つくが、関西と近畿になにか使い分けがあるのだろうか。

『広辞苑』によれば、関西とは、「西日本の別称。逢坂関《おうさかのせき》以西の地。上代、鈴《すず》鹿《か》・不破《ふわ》・愛発《あらち》の三関以西の諸国」とある。

つまりむかしは、特定の関所より西の地方を関西と呼んでいたことになる。現在のイメージより大きなエリアを指しているようだ。

これに対し、近畿は、「皇居の所在地に近い国々」という意味で、「畿内とその付近の地方」とされている。畿内とは、もともと大和（奈良県全域）、山城（京都府南部）、摂津（大阪府北部〜兵庫県東部）、河内（大阪府南東部）、和泉（大阪府南西部）の五か国を指す言葉である。

都が京都に置かれていた明治のはじめまでは、日本の行政区分は「畿内七道」であり、この五か国を中心に、東山道《とうさんどう》、北陸道、東海道、山陰道、山陽道、南海《なんかい》道《どう》、西海道《さいかいどう》に分けられていた。

畿内という言葉が最初に登場するのは、六四六（大化二）年のこと。『日本書紀』には「凡《おおよ》そ畿内《うちつくに》は、東は名墾《なばり》の横河《よこかわ》より以来《このかた》、南は紀《き》伊の兄山《せのやま》より以来、西は赤石《あかし》の櫛淵《くしふち》より以来、北は近江《あふみ》の狭狭波《ささなみ》の合坂山《あふさかやま》より以来を、畿内国《うちつくに》とす」とある。

名墾は三重県の名張、赤石は兵庫県の明石だと考えると、当初はのちの畿内より若干範囲が広かったようだ。

明治になって府県制が確立すると、日本は北海道、東北、関東、中部、近畿、中国、四国、九州、沖縄の九つのエリアで分けられた。近畿は、畿内の五か国と、その周辺の一〇か国（伊賀・伊勢・志摩・近江・紀伊・淡路・丹波・丹後・但馬・播磨）に相当する。この近畿という呼び方は、明治時代の教科書に記載され

●五畿七道と近畿

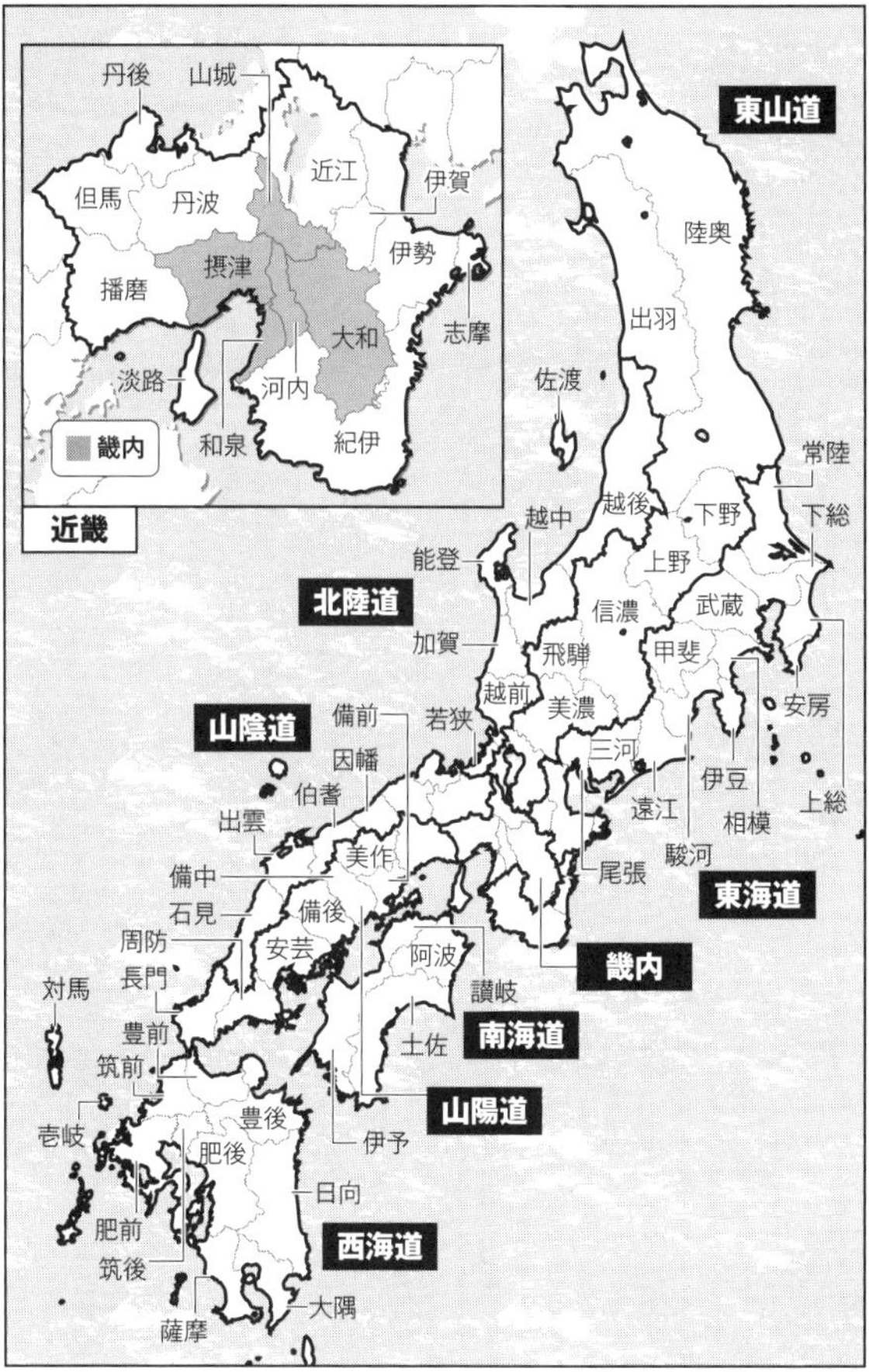
近畿
丹後
山城
但馬
丹波
近江
伊賀
摂津
伊勢
播磨
大和
志摩
淡路
河内
和泉
紀伊
畿内
東山道
陸奥
出羽
佐渡
越後
常陸
下野
下総
越中
能登
上野
北陸道
信濃
武蔵
加賀
飛騨
甲斐
越前
美濃
安房
山陰道
備前
若狭
三河
因幡
伊豆
伯耆
遠江
上総
出雲
相模
美作
駿河
尾張
備中
東海道
石見
備後
周防
安芸
阿波
畿内
対馬
長門
讃岐
豊前
南海道
土佐
筑前
山陽道
壱岐
豊後
伊予
肥後
日向
肥前
西海道
筑後
大隅
薩摩

たことで定着しはじめた言葉である。

明治に決められたとはいえ、地元の人は、どこか「お役所的」な響きを持つ「近畿」よりも、東京に象徴される「関東」に対して、「関西」という言い方を好んで使ってきたというわけだ。

# 第2章

# ホンマの大阪が味わえる ディープ名所案内

# 百貨店もないのに「五階百貨店」と呼ばれる謎のエリア

大阪を代表する繁華街「なんば」からほど近い場所に、「でんでんタウン」と呼ばれる電気街がある。かつては新製品がズラリと並び、電気製品を購入する人が訪れる場所だったが、現在ではパソコン関連をはじめ、ゲームやアニメなどのサブカルチャー品を多く扱う店が並ぶ通りとなっている。

その「でんでんタウン」のすぐ近くにあるのが「五階百貨店」だ。場所は日本《にっぽん》橋《ばし》四丁目の堺筋《さかいすじ》から西に入った一筋目と二筋目のところ。五階百貨店というぐらいだから、当然、五階建ての百貨店を想像してしまうが、じつは百貨店でもなければ、五階建てでもない。日本橋総合案内所によれば、「五階」と看板を掲げている店もあるが、建物は三階建て。現在、一階には店舗が、二階と三階はアパートになっているという。

ここは「五階百貨店」と呼ばれるエリアであり、工具店や台所用品、着物などさまざまな中古品の店が並ぶ界隈なのだ。

　そんな場所に、なぜこのようなユニークな名前がついたのか。

　そのルーツは、一二〇年以上も昔に遡《さかのぼ》る。一八八八（明治二一）年、現在の浪《なに》速《わ》区・日本橋あたりに、高さ一七間一尺（約三一メートル）の八角形の木造五層楼閣《ろうかく》が建てられた。これは「眺望閣《ちょうぼうかく》」といい、高層からの眺めを売り物にする娯楽施設である。

　高さ三一メートルといえば現代ならさほど珍しくもないが、明治期の当時においては、周辺を圧倒する高さであり、遠く淡路島まで見渡せたと伝えられている。

ここ一帯は電化製品、家庭用品の店舗が密集している

眺望閣は「ミナミの五階」と呼ばれ、たちまち大阪の人気スポットとなった。当然のように、周辺には露店市ができ、娯楽と商売の地域として発展した。こうして五階建ての眺望閣を中心とするエリアは、欲しい物ならなんでもそろう場所として、「五階百貨店」と呼ばれるようになったのである。

## 戦後の物資の供給地として復活

第二次世界大戦中の空襲では、このエリアも焼け野原となったが、日本橋は戦後の復興が非常に早かった。「五階百貨店」も例外ではなく、戦前にこの場所で商売をしていた人がわずかな商品を持って戻ってきて、商売を再開している。

この地域で呉服店を営むお店によれば、当時、トタン屋根の下に商品を並べただけの商店街で、そこには、家庭用品や台所用品、衣類、大工道具、おもちゃまで、すべて中古品ながら、食料品以外ならすべてそろったという。板に商品を並べ、向い側に店主が座るという商いスタイルの店が、一〇〇坪ほどの土地にたくさん並んでいたようだ。

戦前から知られてはいたが、戦後の物資の供給地として、たちまち多くの人に知られるようになった。人々は、買い物をするだけでなく、家庭で不要になった品物を売りに来ることもあった。中古品中心だったために定価がなく、売り買いをするときには、必ず値切るのが普通だった。大阪らしい商売のかけひきが、五階百貨店では日常の風景だった。

現在も、五階百貨店と呼ばれる界隈には、一店舗三畳ほどしかない小さな店がズラリと並んでいる。「日本橋商店会」が現在の正式名となっているものの、戦後の物資の供給地として栄えた「五階百貨店」の呼称は、今もこの地にしっかりと根付いている。

# 九州だけじゃなかった 大阪にも隠れキリシタンの里があった！

「隠れキリシタンの里」といえば、九州の長崎や天草《あまくさ》（熊本）を思い浮かべるだろう。大阪の茨木市《いばらきし》にも隠れキリシタンの里があることはあまり知られていない。場所は茨木市千提寺《せんだいじ》地区で、ＪＲ京都線茨木駅から北へ一〇キロメートルほど行った山間にたたずむ集落である。

一九二〇（大正九）年、千提寺の民家の屋根裏から、イエズス会の宣教師フランシスコ・ザビエルの肖像画が発見された。ザビエルが、自らの赤く燃える心臓を抱いて天を見上げている肖像画である。ザビエルの絵としてはもっとも有名で、歴史の教科書でだれもが一度は目にしたあの絵だ。四〇〇年近くも前の一六二三（元和九）年、狩野派《かのうは》の画家によって描かれたとされる貴重なもので、現在は国の重要文化財に指定され、神戸市立博物館に所蔵されている。

それほど有名な絵が、この山間部のある一軒の民家の屋根裏から発見されたのだ。

この地域はかつてキリシタン大名として知られる高槻城主の高山右近《たかやまうこん》の領地だった。右近は一二歳のときに父の影響で洗礼を受けキリシタンとなっている。

●発見された聖フランシスコ・ザビエルの肖像画

輸入された銅版画を手本に、礼拝画として制作したと推定される（所蔵：神戸市立博物館）

ザビエルが来日した二四年後の一五七三（天正元）年に高槻城主になると、右近は領内に教会を建立。そして領地であった茨木の千提寺や下《しも》音羽《おとわ》にキリスト教を広めたことで、領民の多くがキリシタンとなったのである。

しかし一五八七（天正一五）年に豊臣秀吉がバテレン追放令を出し、キリスト教を禁じてしまう。このため、右近は領地と財産をすべて捨て、加賀の前田家の庇護を受けて同地に移り住むことになる。

その後、徳川家康がキリシタン国外追放令を出すと、右近はフィリピンのマニラに追放され、間もなくマニラで死去。このころからキリシタンへの弾圧はますます激しくなり、見つかると処刑された。

ところが、千提寺と下音羽の住民は、右近が領地を去ってからも、息をひそめるようにして山奥でずっと信仰を守り続けてきたようだ。

## キリシタンがひっそり生き延びた

一九一九（大正八）年、キリシタン研究家の藤波大超《ふじなみだいちょう》氏が千提寺の天満宮のある小高い丘「クルス山」でキリシタン墓碑を発見したことをきっかけに、千提寺と下音羽地域から続々とキリシタンの遺物が見つかり、この地域が隠れキリシタンの里であったことが明らかになったのである。

藤波氏に墓碑の存在を教えたのは、千提寺に暮らしてきた東家《ひがしけ》当主である。一九二〇（大正九）年には東家の屋根裏に吊り下げられていた「あけずの櫃《ひつ》」から、ザビエルの肖像画、マリア十五玄義図《げんぎず》、マリア像、キリスト磔刑像などが発見された。

一九三〇（昭和五）年には、同じ千提寺の中谷家や下音羽の民家からも遺物が発見された。

これらの事実は、当時のローマ教皇が千提寺に使節を派遣するほど衝撃を与えるものだったようだ。

しかし、なぜこの地区は、高山右近が追放されてからも、隠れキリシタンの里として生き延びられたのか。

ここは、キリシタン弾圧が苛烈を極めた秀吉のおひざ元のはずである。

千提寺地区は、大阪府北部に広がる深い山々と、佐保川《さほがわ》上流に広がる山間に位置する。いまでこそ交通網が発達しているが、当時は人もあまり訪れない僻地《へきち》だった。その山奥で住民たちはザビエル肖像画やマリア像を「あけずの櫃」に納めて、決して開けることはなかったといわれる。

また東家と中谷家は、千提寺地区にある高雲寺《こううんじ》という寺を菩提寺にしていた。これはキリシタンであることを隠すためのいわばカモフラージュだったと考えられる。

そして人里離れた僻地でひっそりと息をひそめるように、禁教が解かれるまで信仰を守り抜いて生きてきたというわけだ。

二〇一三（平成二五）年三月には、千提寺の東家近くにある千提寺西《せんだいじにし》遺跡から一六〜一七世紀前半のキリシタンを葬ったと思われる墓地群が発掘され、墓の下から人骨も出土している。

遺体を寝かせて墓の上に石を並べる埋葬方法がキリシタン特有であり、その墓が一〇基発見され、隠れキリシタンの里の新たな資料として再び注目されている。

# 日本一低い山の高さはわずか四・五三メートル

大阪市港区にある天保山《てんぽうざん》大観覧車は、高さ一一二・五メートル、回転輪の直径は一〇〇メートルで、一周するのに約一五分もかかる世界最大級の大きさだ。

いっぽう、同じ「天保」という名を冠しながらも、天保山といえば、標高わずか四・五三メートルしかない、登頂（？）には三分もあれば十分の山である。「本当に山なの？」と疑いたくなるほど低く、「日本サイテーの山」との呼び名まである。

それでも、国土地理院発行の二万五〇〇〇分の一の地形図に山名が載っているというから驚きである。天保山の誕生は江戸時代に遡る。安治川《あじかわ》の水底の掘削工事で出た土砂を積み上げてできた人工の山。人工の山とはいえ、当時は、高さ約一八メートル、周囲約一八〇メートルあったといわれ、それなりに「山」としての風格を備えていたようだ。

安治川を航行する船は、天保山を目印にしていたことから、別名「目印山」と呼ばれていた。

また、歌川広重《うたがわひろしげ》が浮世絵に描くほど人気の行楽スポットとして賑わっていたという。

このような「山」らしかった天保山が、なぜ、今日のように低くなってしまったのか。

大きな原因のひとつは、この地域一帯の地盤沈下である。国土地理院測量部に残る記録によると、一九一一（明治四四）年、すでに天保山の標高は七・一六メートルになっていた。それが、昭和四〇年代になると、地下水のくみ上げにより、さらに地盤沈下が進んでしまう。そしてついに一九九三（平成五）年ごろには、国土地理院の地形図から「天保山」という名前が消えてしまったのだ。

これに危機感を覚えたのが地元の住民たちである。地図への復活を求める署名を役所に提出し、「天保山」をアピールしたのである。そのかいあってか、一九九六（平成八）年に、天保山は国土地理院の地形図に再び登場し、今日に至っているというわけだ。

## 天保山山岳会のユニークな活動

国土地理院の地形図から消えているあいだ、日本一低い山は、仙台市にある日《ひ》和山《よりやま》（当時、標高六・〇五メートル）だった。しかし、天保山が地図に再掲載されたことで、「日本一低い山」の称号を奪還。

これをきっかけに、翌年には、「天保山山岳会」が発足する。発足の目的は、天保山を広くアピールすることだ。前述の「日本サイテーの山」の称号の名付け親でもある。

一見すると、自虐的なコピーにも聞こえるが、そこには「サイテーなら、あとは上がるしかない」との縁起を担いだ思いが込められている。

この山岳会の熱の入れようは半端ではない。登頂者に対して登山証明書まで発行している（ただし発行料が必要）。これまでに延べ五万六〇〇〇人あまりがこの証明書を手にしているという。さらには山岳救助隊まで結成。もっとも、これまでに遭難した人は皆無で、救助隊に出動要請が出されたことはない。

そのほか、天保山の高さにちなみ、毎年四月五日にはお花見登山を開催している。

そんな天保山の最大のライバルと目されているのが、香川県東かがわ市の白鳥《しらとり》神社にある「御山《みやま》」だ。境内には「日本一低い山」との石碑が建つ。石碑の周辺は松林で、この松林一帯が御山になる。

その標高は三・六メートル。天保山より約一メートル低い。さらに天保山が人工の山であるのに対し、こちらは自然の山であるということだ。それでも天保山が「日本一低い山」の称号を手にしているのは、国土地理院の御墨付きを得ているからにほかならない。

いまのところ御山は、まだ地図に掲載されておらず、この神社でも登山証明書を発行したりして、現在、お墨付きをもらうために活動中である。

# 七夕伝説のはじまりはここ大阪の地にあった!?

七月七日といえば、言わずと知れた七夕の日である。短冊が街頭を彩り、初夏の訪れを感じさせてくれる。

ルーツは中国の伝説にあるが、日本に伝えられると、日本古来の伝説や信仰と融合し、日本独特の七夕伝説が生まれた。――天帝に結婚が認められた織姫（織女《しょくじょ》）と彦星（牽牛《けんぎゅう》）だったが、あまりに仲が良すぎで遊んでばかり。自分の仕事をすっかり忘れたために天帝の怒りを買い、二人は引き離される。それでも一年に一度、七月七日のこの日だけは、天の川を渡して会うことが許された――。

その七夕伝説の地が大阪にある。枚方市《ひらかたし》から交野市《かたのし》にかけて流れる天野川《あまのがわ》一帯の地域だ。生駒《いこま》山系を水源とし、淀川に流れ込む川である。

天野川に架かる橋には、鵲橋《かささぎばし》や天津橋《あまつばし》といった名前がついている。鵲は、織姫と彦星が一年に一度会えるときに、その翼を広げて橋を架けてくれる鳥であり、天津とは、二人が出会う天の港のことである。七夕伝説を彷彿《ほうふつ》とさせる地名と橋名だ。

また交野市には、織姫を祀《まつ》る機物《はたもの》神社があり、天野川の対岸には、彦星を思わせる牛石《ぎゅうせき》（牽牛）が存在する。伝説のままに、二人は天野川（天の川）によって引き離されている状態である。牛石が置かれた場所は高台にあり、そこからは、機物神社のご神体である交野山《こうのさん》が見える。まるで恋しい織姫をじっと牽牛が見守っているといった位置関係である。

さらにもうひとつ、天野川一帯には、この七夕伝説とは別に降星伝説も伝わっている。

弘法大師《こうぼうだいし》の祈祷《きとう》により、小松《こまつ》神社（星田妙見宮《ほしだみょうけんぐう》）、星の森、光林寺《こうりんじ》の三か所に星が降ったといわれ、磐座《いわくら》（影向石《ようごういし》）と呼ばれる巨石が、小松神社には鎮座している。

天文家による計算によれば、たしかに八一六（弘仁七）年七月二三日、北斗七星の方角からペルセウス流星群が通過しており、そこから隕石が落下してきたと考えられなくはないという。

小松神社の巨石は、俗称「織女石《たなばたせき》」とも呼ばれる。なぜ「織女石」と呼ばれるようになったかについては不明だが、七夕伝説と結びついていると考えても不思議ではない。

## 天野川はどのようにつくられたのか

天野川一帯に七夕伝説が生まれた背景について、『大阪 地名の由来を歩く』のなかで若一光司《わかいちこうじ》氏は、平安貴族の遊び心だったと述べている。

古来、天野川は「甘野川」と呼ばれていた。生駒山系から流れる清流が稲作に利用され、ここで収穫される米は甘味があっておいしいことからその名がついたといわれる。

その後、平安貴族が清流で遊ぶようになると、河原の白い砂が美しいことから、川を「天の川」に見立てるようになったらしい。そしていつしか、甘野川が「天野川」と記されるようになり、それにともない、橋の名にも七夕伝説にちなんだ名がつけられるようになったというわけだ。

たしかに平安時代には、すでにこの一帯が七夕伝説の地として定着していたことを裏づける在原業平《ありわらのなりひら》の『伊勢物語』に有名な歌がある。

狩りくらし／棚機乙女《たなばたつめ》に宿からむ／天の河原にわれは来にけり

（狩りをしていたら日が暮れてしまったので、今夜は織姫の家に泊まることにしよう。天の川まで来たのだから）

この地から七夕伝説が広まったかどうかはわからないが、これだけ多くの逸話が集まっている地域はほかにない。なんともロマンチックな場所が、ここ大阪にある。

# 本当は堺市だった？徳川家康が亡くなった場所

大阪府堺市に、大阪府内で唯一の臨済宗専門道場・南宗寺《なんしゅうじ》がある。一五五七（弘治三）年に三好長慶《みよしながよし》が父・元長《もとなが》の菩提を弔うために建立したとされる古刹である。

一万坪にも及ぶ広い境内をもつ南宗寺には、どこに行っても龍の目が追いかけてくる狩野信政《かのうのぶまさ》が描いた八方睨みの龍の天上絵や、国の名勝庭園に指定されている枯れ山水庭園などがあり、見どころは数多い。

そんな南宗寺の広い敷地内の一画に、「東照宮《とうしょうぐう》徳川家康墓」と碑銘が刻まれた墓がある。徳川家康といえば、大坂夏の陣の翌年となる一六一六（元和二）年、駿府城（静岡県）で亡くなり、その後、日光東照宮に改葬されたはずである。その徳川家康の墓が、なぜ大阪の堺市の寺にあるのか。

その答えが、『南宗寺史』に紹介されている。

徳川家康は、大坂夏の陣の茶臼山《ちゃうすやま》の激戦に敗れ、駕籠《かご》に乗って逃げる途中、豊臣方の猛将・後藤又兵衛《ごとうまたべえ》に発見され、駕籠の外から槍で突かれてしまう。深手を負った家康は辛くも堺まで逃げ伸びたが、家臣らが駕籠を開けてみるとすでに家康は息絶えていた。

家臣らは、総大将の死は戦《いくさ》の士気にかかわるとして、家康の遺骸を宿院の南にあった南宗寺の開山堂《かいざんどう》の下に隠し、のちに改葬することにした。

徳川方はすぐさま家康の影武者を立て、そのまま戦を続行。勝利したのちも影武者は家康役を務め、江戸幕府が開かれた――。

なんとも突飛な話であるが、この話を裏付けるかのような証拠がある。

茶席だった坐雲亭《ざうんてい》の説明版には、一六二三（元和九）年に、二代・秀忠《ひでただ》と三代・家光《いえみつ》の将軍が南宗寺を参詣しているという板額《はんがく》があり、墓はいまも開山堂の下にある旨が記されているのだ。さらに、家康を隠したとされる開山堂の跡には、幕末の幕臣だった山岡鉄舟《やまおかてっしゅう》の筆で「家康の墓と認める」という碑文まである。

また、影武者となった人物は木曽《きそ》の出身だとされ、それまでは小さな藩だったのが、一気に大きくなったともいわれている。

## 家康堺死亡説はどうして生まれたのか？

このような証拠があれば、家康が堺の地で息絶えていたと思いたくもなる。

たしかに徳川軍は大坂夏の陣で、真田幸村《さなだゆきむら》の活躍などによって一度は窮地に陥ったし、辛くも逃げたと史実として伝えられている。

影武者の話も、当時の徳川家は、二代目・秀忠が誕生していたとはいえ、まだ決して盤石とはいえず、家康というカリスマ的存在を失えば、お家が揺らぎかねない状態だったことを考えれば、あり得ない話ではない。

とはいえ、この話に無理があるのも事実。

まず、堺の町は、夏の陣の決戦前に豊臣方に焼き払われており、夏の陣当時、開山堂は存在しなかったとされる。南宗寺も焼け野原となり、一六一九（元和五）に現在の地に沢庵和尚《たくあんおしょう》によって再建されたものだ。

槍で徳川家康を突いたとされる後藤又兵衛も、大坂夏の陣に豊臣方として参加したことは確かだが、道明寺《どうみょうじ》河原で討ち死にしたと伝えられており、家康が逃げた時期には、すでに死亡していたはずである。

その後の史実では、豊臣家は滅び、焼け野原になった堺の町を徳川家が復興させている。そのことを考えれば、堺の人々にとって徳川家は功労者であったはずだ。その感謝の気持ちが、いつしか徳川家康の墓をこの地に誕生させたと考えられなくもない。

さて、真相はいかに……。この謎に思いを馳せながら、南宗寺を訪ねてみるのもおもしろい。

# 日本一長〜い商店街はどうしてできた？

大型スーパーやショッピングセンターの台頭で、古くからあった商店街がかつての賑わいを失い、閉店に追い込まれている商店も少なくない。いわゆるシャッター通りである。そんななか、ひときわ元気な商店街が大阪にある。天神祭《てんじんまつり》で有名な大阪天満宮《てんまんぐう》の近くにある天神橋筋商店街だ。

天神橋筋商店街の長さは、なんと全長二・六キロメートルにもなる。もちろん日本一の長さである。一丁目から六丁目までのまっすぐに続く商店街には、六〇〇軒もの店が連なっており、ゆっくり歩けば一時間はかかるだろう。これほどまでに長い商店街はどのようにして誕生したのだろうか。

この界隈が賑わいを見せるようになったのは、一〇〇〇年以上も前の話。九四九（天暦三）年に、魔除け神社として知られた大将軍八神社《だいしょうぐんはちじんじゃ》に天満天神《てんまてんじん》が勧請《かんじょう》されたことがきっかけである。その後、天満宮として人々の信仰を集めることとなった。

一五八五（天正一三）年には、豊臣秀吉が天満《てんま》の地に本願寺《ほんがんじ》を移転する。本願寺は六年後に京都・堀川《ほりかわ》へ再移転されたが、天満宮の門前町と本願寺の寺内町を中心に、ここ一帯は急速に発展した。

江戸時代になると、幕府が大坂の復興の一環として、天満を商業地域として拡充したこともあり、天満はさらに栄えた。江戸時代の大坂は北組と南組に分かれており、天満はそのどちらにも入っていなかったが、天満の発展ぶりによって、北組、南組に加えて天満組がつくられ、大坂三郷《おおさかさんごう》と呼ばれるようになるのである。

一六五二（承応元）年、この地に「天満青物市場《てんまあおものいちば》」が開設され、さらに発展に拍車がかかった。この青物市場は、大坂随一の生鮮野菜と果物の卸売市場で、幕府公認の特権市場だった。大坂で唯一、生鮮食料品が集まる市場は、「天下の台所」として大いに賑わい、一九三一（昭和六）年に大阪中央卸売市場が設立するまでの長きにわたって、大阪の食を支えていたのだ。

天神橋筋商店街は、この青物市場からはじまり、明治以降は、南の大川《おおかわ》（旧淀川）と北の淀川から大阪天満宮に通じる長い参道に店と人が集まったことで誕生したのである。

大阪天満宮は「天満の天神さん」と呼ばれて大阪の人々から親しまれ、天神橋筋商店街は、いまも大阪の人々に親しまれている。都市化が進む大阪にあって、大阪の人情を色濃く残す存在である。

# 「食い倒れ」の町・道頓堀は芝居小屋からはじまった

グリコのネオンや、かに道楽本店の巨大看板がシンボルである「道頓堀《どうとんぼり》」といえば、「食い倒れ」の街として知られる。

道頓堀は、一六一二（慶長一七）年、安《やす》井《い》道頓《どうとん》が私財を投げ打って道頓堀の開削に着手したことにはじまる。大坂城の南部を開発するには、堀川の開削が必要と考えたからだ。大坂夏の陣で道頓が死去したあとは、従兄の道卜《どうぼく》が引き継いで完成させたという。

いまでこそ「食い倒れ」の街のイメージが強いが、じつは道頓堀は江戸時代から芝居の街として発展し、日本一芝居小屋が建ち並ぶ「日本のブロードウェイ」であった。ここは江戸時代、「道頓堀芝居側」と呼ばれた地域である。

一六二六（寛永三）年、安井道卜が南船場《みなみせんば》にあった芝居小屋をこの地に移したのが、劇場街のはじまりである。

一六五二（慶安五）年には中座《なかざ》、角座《かどざ》がオープンし、一六八四（貞享元）年には人形浄瑠璃の竹本義太夫《たけもとぎだゆう》の竹本座がつくられた。日本のシェークスピアといわれる近松門左衛門《ちかまつもんざえもん》は歌舞伎や浄瑠璃の脚本を多く世に出したが、その大半が道頓堀の竹本座で上演され大いに繁盛した。

いまでこそ飲食店の巨大装飾看板が目につく道頓堀だが、当時は劇場正面のやぐらにかかる幕と幟《のぼり》などが通りを埋め尽くしていたという。食い倒れといわれる食文化は、芝居見物に来た客に出す茶と菓子、弁当の世話をする芝居茶屋や劇場付近の食べ物屋からはじまったものだ。

道頓堀の座のなかでも、角座は一流の格を保ち続け、二〇〇八（平成二〇年）にいったん廃座となったが、二〇一三年に再びオープンした。

当時、この角座で歌舞伎の舞台に必要な本格的回り舞台やセリが世界ではじめて用いられた（『モダン道頓堀探検』）。また、竹田近江《たけだおうみ》が立ち上げた竹田座では、機械、水、糸などで自然に人形や舞台道具が動くからくり人形芝居を日本ではじめて行なったことでも知られる。これらの舞台技法は、道頓堀の劇場から、世界に広まっていったのである。

現在、道頓堀の新しい座ともいえるのが、松竹座、国立文楽劇場、新歌舞伎座、なんばグランド花月、そして角座である。この街は、「食い倒れ」とともに、芝居の街としてもうひとつの顔も保ち続けているのである。

# なぜ難波橋の四隅にライオン像が立っているのか？

大阪市内の道路は、豊臣秀吉が大坂城築城の際に整備したもので、その配置は碁盤の目のように東西南北に整然と配置された。市内を南北に結ぶ道路で、北から南へ向かう御堂筋《みどうすじ》は、現在、大阪市内のメインストリートだが、以前は御堂筋より東にある堺筋《さかいすじ》がメインであった。

その堺筋が通る中之島と土佐堀川《とさぼりがわ》、堂島川《どうじまがわ》にかかる全長一九〇メートルの橋が難波橋《なにわばし》である。大阪を代表する橋のひとつであり、江戸時代から天満橋《てんまばし》、天神橋《てんじんばし》とともに「難波の三大橋」と呼ばれてきた。幕府が官費で架けた橋を公儀橋《こうぎばし》というが、天満、天神、難波の三橋は大阪の公儀橋であった。

江戸時代は、堺筋より西に位置するなにわ筋にかかり、橋の上から周辺一帯や遠くの山々の景色が眺められ、多くの花火見物や夕涼み、遊覧船で賑わった。

一九一二（明治四五）年、堺筋が拡張されて市電が走るようになったため、当初の位置からひと筋東の堺筋に移し、近代的な鋼製の橋につけ替えられた。

このとき、大阪の都市美観を高めようと、デザイン性が配慮され、重厚なアーチ式が採用された。さらに精巧な彫刻、華麗な照明などがつけられ、洒落た美しい橋になった。加えて、橋の北詰めと南詰めの四隅にライオンの石像が四体設置されたため、いつしか「ライオン橋」とも呼ばれるようになり、大阪の人々に愛されるようになった。

ライオン像をつくったのは彫刻家の天岡均一《あまおかきんいち》で、口を開けているタイプと口を閉じているタイプの二つがある。開けているのが阿像《あぞう》、閉じているのが吽像《うんぞう》で、あわせて阿吽の形をあらわしているという。

しかしなぜ、大阪を代表する橋にライオン像が置かれたのか不思議である。

## ライオン像が意味するものとは?

ライオン像が置かれた明確な理由はわかっていないが、いくつかの説がある。

ひとつは、ライオン像は、橋の近くにある大阪天満宮の狛犬《こまいぬ》の役目をしているというものだ。狛犬といえば、神社を守る守護獣で阿吽の形相をしている。古代エジプトや古代インドでは神域を守るライオン像がさかんにつくられ、それが大陸から日本に伝わって狛犬となったといわれる。

大阪天満宮は平安時代の創建で、大阪市民からは「天満の天神さん」と親しまれてきた。かつて難波橋はこの天満宮の参道にあたり、堺筋を市内の南から北に向かうと天満宮の入り口になり、狛犬として置かれたのではないかという。

もうひとつの説は、江戸時代の狂歌師・蔭山梅好《かげやまばいこう》の歌からだ。

西ひがし／みな見に来たれ／なには橋／すみずみかけて／四四の十六
この歌から、「四四」を「獅子」ともじってライオン像を設置したという。「四四の十六」とは、この橋から当時は周囲の一六の橋を見わたすことができたことを指している。

さらにもうひとつ、繁栄の大阪を象徴するために、百獣の王ライオンを設置したという説がある。

堺筋は現在、南から北へ向かう一方通行だが、一九七〇年以前は双方向だった。南から北へ向かうと天満宮の入り口になるが、北から南へ向かえば商業都市大阪の玄関口である北浜《きたはま》、船場《せんば》の入り口となる（現在も大阪証券取引所はじめ金融関係、商業関係のビルが立ち並び、大阪の中心地である）。そこでその入り口に、シンボルとしてライオン像を設置したのではないかというのである。

戦後、老朽化した橋自体は架けかえられたが、旧来の姿を残そうと装飾は保全されたため、当時の雄姿のままに、いまも堂々と鎮座している。

第3章

# ルーツをたどれば思わずなっとく ユニーク地名案内

# 番地に数字ではなく人の名前がついている住所発見！

大阪市中央区の船場《せんば》に、「坐摩《いかすり》」という名の神社がある。かつて東区石町《こくまち》に鎮座していたが、豊臣秀吉の大坂城築城のときに現在の地へ遷座《せんざ》された。坐摩神社に祀られている坐摩神は、井戸を意味するイカスリの神、すなわち水神として、この地で「渡《わたし》」と呼ばれる渡し船を職業とする人々をはじめ、多くの庶民から崇められてきた。

驚かされるのは、その坐摩神社の現住所である。大阪市中央区のあとに続く住所が「久太郎町《きゅうたろうまち》四丁目渡辺《わたなべ》」となっている。本来、「四丁目三番二」というように数字がくるのが普通だが、この神社の住所は、数字があるべき場所に、人の苗字のような渡辺がついている。

なんとも不思議な番地表記である。

坐摩神社によれば、そもそも苗字のような住所のルーツは、かつて神社のあっ

● 「久太郎町四丁目」の住所プレート

四丁目１、四丁目２とくれば、四丁目３のはずだが、なぜか「渡辺」である

た場所が、摂津《せっつ》の渡辺と呼ばれていたことによるという。渡辺とは「渡しの辺り」という意味で、舟の往来があったことをうかがわせる。

さらに中世になると、この地は、渡辺綱《つな》を祖とする武士団が支配する土地になった。渡辺綱は、酒天童子《しゅてんどうじ》を退治した源頼光《みなもとのよりみつ》の四天王の一人として有名な武士で、のちに摂津のこの場所（渡辺）に居を構えたことから渡辺の姓を名乗っていたのである。

こうしてここ一帯に、渡辺を名乗る人々が暮らしていたわけだが、先の大坂城築城によって坐摩神社が遷座した際、同社神官の渡辺氏やその氏子《うじこ》もともに移住し、この地を渡辺という町名にしたのである。

現在でこそ渡辺という苗字は全国へと広がっているが、坐摩神社の渡辺こそ、彼らの姓のルーツである。

ところが、渡辺消滅の危機が訪れる。一九八九（平成元）年二月、大阪市東区と南区の合併にともない、新しい住居表示制度が実施されることになった。つまり渡辺という名は消滅し、「中央区久太郎町四丁目三番」となることが決定されたのだ。

そこで氏子を中心に、由緒ある渡辺の地名を守ろうという運動が起こり、渡辺という苗字を持つ全国の「渡辺さん」が大阪市に陳情。市議会は、特例措置として本来は数字が入る番地に「渡辺」を残すことを認めた。

こうして「中央区久太郎町四丁目渡辺」という、ひじょうに珍しい番地が登場することになったのである。

また久太郎町という町名も、渡辺同様に人の名を連想させる地名だが、豊臣秀吉の家臣であった堀久太郎《ほりきゅうたろう》の屋敷が置かれたことに由来する説と、「久多良（百済の意）」と書いて「くたら」と読ませていた地名が、のちに転訛して「久太郎」になったとする説がある。

## 数字がそのまま地名になった「十三」の由来

大阪市淀川区の歓楽街「十三《じゅうそう》」といえば、難読地名のひとつである。府外の人ならそのまま「じゅうさん」と読んでしまうだろう。数字がそのまま地名になるのは珍しく、「十三」のいわれには、いくつかの説がある。ここでは、おもな三つを紹介しておこう。

もっとも有力なのが、淀川の渡《わたし》に由来するという説だ。江戸期以前、淀川には橋がなかったため、向こう岸に渡る手段は舟による渡だけだった。

十三の場所は、そうした渡のひとつで、上流から数えると一三番目だったため、その名がついたという。一六〇五（慶長一〇）年の『摂津国絵図《せっつのくにえず》』に「十祖《じゅっそ》」という村の記述がある。この村と川の対岸の村を結んだのが十三の渡だったといわれている。

渡に関しては、一六世紀前半の畿内の戦乱を描いた軍記物『細川両家記』に記述があることから、江戸時代以前にも渡があったことがみてとれる。

さらに、江戸期に編纂《へんさん》された地誌『摂陽群談《せつようぐんだん》』によれば、元禄年間（一六八八〜一七〇三年）のころになると、渡は日常的に行なわれていたようだ。

その後、淀川に橋が架けられたのは一八七八（明治一一）年のことで、橋は「十三橋」と呼ばれた。

別説には、古代条里制《じょうりせい》の「一三条」が由来であるというものがある。条里制とは、土地区画制度のひとつで、一辺の長さ約六五五メートルの正方形の土地を「一里」とし、これを基本単位に東西南北に並べていく。

そして、南北方向の最初を「一条」、つぎを「二条」と呼び、東西方向の最初を「一里」、つぎを「二里」「三里」と呼んだ。このように数字を使ってその土地を呼んだことから、そのうちの「一三条」という呼び名が地名として残ったのではないかという。

しかし、ここはもともと淀川の河口の湿地帯であり、田畑にするには条件が悪かったため、古代の条里制が敷かれるはずがないという反論もある。

もうひとつ近年出された説は、本居宣長《もとおりのりなが》の随筆『玉勝間《たまかつま》』のなかで「十」という漢字を「ツツ」と読ませた例があることから、「十三」の「十」は「堤」を意味するという解釈があり、「十三」の由来は、このあたりに堤（堤防）があったことに由来するというものだ。

この説にも、近世まで堤防をつくって水の管理をしていなかったことを考えると、根拠が乏しいという反論がある。

由来に諸説ある十三の地は、江戸時代には西国大名の参勤交代の経由地として、現在では阪急電鉄の神戸本線、宝塚本線、京都本線のターミナル駅として、時代を通して交通の要であり続けている。

## 難読地名の定番「放出」は水の放出がルーツ

大阪の難読地名としてかならず登場するのが「放出《はなてん》」である。読み方を知らない人は、間違いなく「ほうしゅつ」と読んでしまうだろう。大阪市鶴見区《つるみく》と城東区《じょうとうく》にまたがる地域の地名で、放出東は鶴見区にあり、放出西は城東区にある。

「はなてん」と読むに至った由来には、いくつかの説がある。

まず、地理的要因が大きいという説。『角川日本地名大辞典』によると、この地は古代から中世にかけてこのあたりにあった河口湖（河内湖）が、寝屋川や大和川の河川と合流して淀川に注ぐ放出口になっていた。それに由来し、水を放つ「はなちてん」が訛《なま》って「はなてん」となったというものだ。

二つ目の説は、放出東に鎮座する阿遅速雄《あちはやお》神社の社伝に記されている。神社のルーツは、阿遅鉏高日子根神《あぢすきたかひこねのかみ》が、この地を開拓して民衆に農耕の技術を授けたことで、民衆は神の威徳を敬ってお祀りしたことにある。この神社の社伝には、つぎのようにある。

六六八（天智天皇七）年のこと。新羅《しらぎ》の僧が、尾張《おわり》の熱田神宮《あつたじんぐう》にあった神剣・草薙剣《くさなぎのつるぎ》を盗み出して新羅に持ち帰ろうとした。ところが、難波津《なにわづ》で嵐に遭って船が漂流し、河口にあった当地に流れついたという。嵐はさらに激しさを増し、「これはきっとご神罰である」と恐れをなして、剣を放り出して逃げ去った。この故事から当地を「放出」というようになったというのだ。「はなちて」「はなちで」「はなって」などと呼ばれていたが、時代が下るにつれ「はなてん」になったらしい。

さらに、鶴見区に伝わる昔話にルーツを求める説がある。この土地が入江に突き出していたため「はなで（鼻出・端出）」と呼ばれていたものが、いつしか「はなてん（放出）」と転訛したのではないかというのだ。

ほかにも、仁徳《にんとく》天皇の時代、大和川の氾濫を防ぐために当地に樋門《ひもん》を設けて水を放出していたことから、この地が「放出」といわれるようになったという説もある。

どの説が正しいかはわからないが、確かなことは、いずれの説も「はなてん」は、水の放出やこの地の地理的要因が由来となっている点だ。いまは埋め立てがすすみ大阪湾から遠のいてしまったが、かつてこの地が湾に注ぐ河口であったことを物語っている。

## 「千日前」の「千日」とはいったい何が千日なのか？

道頓堀《どうとんぼり》を南東に下ると、「千日前《せんにちまえ》」という賑やかな界隈に出る。地下鉄なんば駅、近鉄、阪神電鉄の大阪難波駅からも東へ五分ほどの距離にある。ここは道頓堀と並ぶ大阪ミナミの繁華街で、吉本興業の本拠地「なんばグランド花月」があり、大阪のお笑い文化の発信地でもある。

また、道頓堀と同様に映画館や演芸場が集まる演芸の町として知られる。「千日前」という日にちの入った地名はユニークだが、その由来は、「千日寺の前」が省略されたことによる。だが、千日寺という名前の寺は存在しない。

ここには江戸時代から法善寺《ほうぜんじ》と竹林寺《ちくりんじ》という二つの寺があり、法善寺は八千日回向《えこう》、竹林寺は五千日回向という千日ごとの回向を行なっていた。

「回向」とは、自分が積んできた良い行ないをほかの人に回してあげることを念じてお参りすることだ。千日回向の日にお参りすれば、一回のお参りで千日分の功徳があるとされた。そこから、千日ごとの回向を行なっていた法善寺と竹林寺を「千日寺」と呼んだのである。二つの千日寺の前にある場所なので「千日前」となったというわけだ。

法善寺は江戸時代に創建されているが、じつは千日前が繁栄するようになったのは明治時代からで、それまでは墓地と刑場や火葬場が置かれ、一般庶民は立ち入らない地だった。大坂城落城後、市内の墓地がここに集められ、火葬場と刑場も併設されたのである。

ところが隣は芝居の町・道頓堀である。道頓堀の周辺は、料理屋や見世物小屋、遊女町が並び繁栄した。明治になると千日前にあった刑場は廃止され、火葬場と墓地も阿倍野《あべの》に移されたことで、道頓堀の賑わいは南に広がり、現在の千日前の町が形成された。

明治の中ごろには寄席や活動写真小屋がつくられて繁栄したが、明治末に起きた火災で焼け野原になった。千日前の賑わいをとり戻そうと、焼け跡に市電（南海電鉄）が開通され、一大娯楽センターである「楽天地《らくてんち》」が建設される。

それに続くかのように、演芸、映画を上演する大劇場がつぎつぎつくられ、以前よりまして賑わいをみせる繁華街へと発展した。

その後、太平洋戦争でまたも焼け野原となったが、再び演芸、映画の町として復興した。隣の道頓堀が伝統を重んじる芝居の町なら、千日前は大衆的な演芸の町になった。千日前の地名の由来となった法善寺は、芸能や商売繁盛の御利益があるとして現在も多くの人の信仰を集めている。

## 針治療院の名前が地名と駅名になんともユニークな地名

大阪市の阿倍野区《あべのく》から奈良の橿原神宮《かしはらじんぐう》を結ぶ近鉄南大阪線に、「針中野《はりなかの》」という一風変わった名前の駅がある。東住吉区《ひがしすみよしく》のほぼ中央にあり、南大阪線の阿部野橋駅から乗車すると四つ目の駅だ。

一九二三（大正一二）年、近鉄南大阪線の前身である大阪鉄道が道明寺《どうみょうじ》駅～天《てん》王寺《のうじ》駅を開通させたときに、ここに駅がつくられ、針中野という少し変わった駅名がつけられた。

## ●針中野駅と中野鍼療院

平安時代から続く針治療院（右）の名前が、駅名となった珍しい例

駅名の由来は、駅近くで開業している中野鍼療院《しんりょういん》に由来する。しかもこの中野鍼療院は平安時代からの歴史をもつという老舗《しにせ》。

駅から数分歩いたところに、江戸時代を思わせるような古い屋敷がある。ここが中野鍼療院で、平安時代のはじめ、弘法大師から体のツボを示す像と針を授かって開業したといういわれを持つ。古くは「中野鍼《はり》まいり」といって、患者が遠方から治療を受けに訪れたという。江戸時代の地誌である『摂陽群談《せつようぐんだん》』にも、当地の名所として記載されているから、由緒正しい鍼灸院である。

大阪鉄道がこの地に電車を走らせようとしたとき、この中野鍼療院は地元活性化のため、この一帯の土地を寄付して鉄道開通に尽力した。そこで大阪鉄道は感謝の意からこの駅に「針中野」という名前をつけたのである。

『大阪史蹟辞典』によれば、この地域はかつて平野川の中流に位置していたことから中野と呼ばれ、江戸時代には平野郷を構成した七町四村のひとつであった。一九八〇（昭和五五）年に中野通、湯里《ゆざと》町、東鷹合《ひがしたかあい》町などを合併したときに、町名も駅名と同じ針中野としたのだ。駅名だけでなく、地名も鍼療院が由来となった珍しいケースである。

中野鍼療院は現在も開業しており、鍼療院の近くには「はりみち」「でんしゃのりば」と刻まれた碑が建っている。「はりみち」はもちろん中野鍼療院への道しるべだ。「でんしゃのりば」とは、かつてここには南海平野線が開通していて、そこに駅があったが、のちに廃線となり、その名残りである。

全国に変わった地名は多いが、個人が経営する鍼灸院の名前が、地名と駅名になっているのはここだけだろう。これも義理人情に厚い大阪人だからこそであろうか。

# 読むのもむずかしい「喜連瓜破」駅こんな駅名になったワケ

大阪市内の移動は、地下鉄を使えばかなり便利である。東京同様、地下鉄網が整備されているので、容易に目的地にたどりつくことができる。ただ、府外の人からすると、便利とはいえないようだ。

路線図を見ればわかるが、大阪の地下鉄は読み方の難しい駅名がひじょうに多いからである。読み方がわからずに、行き先を尋ねるのもひと苦労するらしい。

難読駅名の代表格といえるのが、大阪市営地下鉄谷町《たにまち》線の「喜連瓜破《きれうりわり》」駅。どうしてこのような難しく長い名前になったのかと、いぶかる人もいるだろう。しかし、この駅名にしなければならない出来事が、そこにはあったのである。

喜連瓜破駅は、一九八〇（昭和五五）年に誕生した。当時、駅名は単に「喜連《きれ》駅」にするつもりだったという。駅の所在地が平野区喜連二丁目だったからだ。

喜連は、古代の「伎人《くれひと》」が転訛したもので、伎人とは、五世紀の初めごろ、中国から集団移住してきた人々のことだ。

　彼らは土木・工芸に秀でた技術を持ち、日本に多くの技術を伝えた。この「くれ」が訛って「きれ」になったといわれ、喜連という地名は、すでに鎌倉時代から見える古いルーツを持つ地名である。

　このような歴史ある地名であったため、駅名としてすんなりと採用された。ところが、この決定に、喜連地区と道路を挟んで向かい合っている瓜破《うりわり》地区が猛反対を唱えた。この駅の場所が、喜連地区と瓜破地区の間に位置していることが問題だった。駅が二つの地区をまたいでいるのに、なぜ喜連の地名だけが採用されるのかというわけだ。

　瓜破地区の人々が地名にこだわるのには理由がある。じつは、瓜破という地名も喜連に負けず劣らずの歴史がある。いくつかの逸話が伝わっているが、そのひとつを紹介しよう。

　大化年間（六四五〜六五〇）、道昭法師《どうしょうほうし》が三密行法《さんみつぎょうぼう》をしていると仏像が突然落ちてきた。道昭法師がその仏像を安置し、手元にあった瓜を供えたところ、瓜が真っ二つに割れたというのだ。この伝承が瓜破地区の起源であり、地元の人は由緒ある地名として大事にしていたのである。

しかも、喜連は江戸時代に摂津国住吉郡に属し、瓜破は河内国丹北《たんぼく》郡に属しており、両地区は隣に存在していながら、歴史的には国境をまたいだ地区。そうやすやすと相手の地名を優先させるわけにはいかないという事情もあった。

ともに歴史がある地名のうえ、駅の場所も両者の間となれば、簡単にどちらかに決めるというわけにもいかず、結局、両者を並べて駅名にしたというのが真相である。

この駅名が読みにくいことは確かだが、それ以上に地元の愛着が反映されているひとつのよい例である。

## 大坂の繁栄を象徴した「淀屋橋」は商人が私財を投じて架けた橋

大阪市民に親しまれている淀屋橋は、土佐堀川に架かる橋で、北は中之島、南は北浜(船場)を結んでいる。地下鉄御堂筋線と京阪電鉄には淀屋橋駅があり、駅周辺とここ一帯の商業エリアを表わす代名詞ともなっている。

中之島には、大阪市のシンボル的存在である赤レンガの大阪市中央公会堂や、重厚な日本銀行大阪支店、一〇〇年の歴史を誇るレトロな府立中之島図書館など、名建築のビルが建ち並び、洗練された都市の美観を保っている。

一方、南の北浜側は日本生命本社、三井住友銀行大阪本店はじめ、オフィスビルが建ち並ぶビジネス街である。

現在架かっている淀屋橋は一九三五（昭和一〇）年、第一次都市計画事業の一環として竣工されたものだが、もともとの淀屋橋は、江戸時代に中之島を開拓した豪商・淀《よど》屋常安《やじょうあん》が架けたことで知られる。中之島はいまでこそ市政の中心地だが、江戸初期は葦《あし》が茂るだけの荒れ野であった。それを切り開いて諸藩の蔵屋敷を築いたのが常安である。

淀屋は、江戸時代に全国ではじめて米相場の基準となる米市を開始し、米価の安定と米の品質の基礎を築いた。その淀屋の初代当主・常安は、淀屋屋敷の門前で毎朝米市を開いた。それが現在の北浜である。

その北浜と土佐堀川を挟んだ向いには、諸藩の大名の蔵屋敷が建ち並んでいた。

淀屋の米市と蔵屋敷を往来する人々にとって、土佐堀川を渡るための橋が必要不可欠だった。そこで常安が自費で橋を架けたのが、淀屋橋のはじまりである。いわば淀屋橋は商都・大坂の繁栄ぶりを象徴する橋だった。

淀屋橋のほかにも、土佐堀川の土佐堀一丁目に架かる常安橋も、常安が架けた橋である。

## あっけなく終わった淀屋

北浜の米市は日本第一といわれ、諸国の米がここに集散し、空相場《くうそうば》、現代の先物取引も行なわれて全国の物価を左右した。蔵屋敷に集まってきた諸藩の米の販売を一手に手がけ、常安は莫大な資産を築いた。財産目録には土蔵七三〇か所、外船舶二五〇隻、屋敷五四二軒などと記されているというから、その資産はけた外れである。

ところが淀屋の繁栄もそう長くは続かなかった。一七〇五（宝永二）年、五代目・辰五郎《たつごろう》のとき、突如幕府からお取り潰し、財産没収に処せられる。

なぜそのような処分が下されたのか、確かなことはわかっていないが、一説には淀屋の財力が幕府を揺るがしかねないほど力を持ち始めたためともいわれる。

淀屋の屋敷は、淀屋橋南側のたもとから北浜の約一万坪におよぶ壮大なもので、数寄屋造《すきやづく》りの豪華絢爛たる構えだったといわれる。その面影をいまに見ることはできない。淀屋橋南側の橋のたもとに、淀屋の屋敷跡の碑がひっそりとたたずんでいるだけである。

淀屋橋は、現在、国道二五号線の一部となっており、一日六万台の車が通る、主要な交通路のひとつである。

## それまでの「大坂」が「大阪」に変わった理由

歴史書を見ると、大阪は「大坂」と表記されていることが多い。あるときを境に、漢字の表記が変わったのだが、ここでは、「大坂」から「大阪」の変遷について紹介しておきたい。

そもそも、「オオサカ」と呼ばれるようになった時期はいつごろだったのだろうか。

呼び名については、はっきりとした時期はわかっていないが、一四九六（明応五）年に御坊建立をはじめた浄土真宗第八代宗主・蓮如《れんにょ》が翌年、その旨を門徒へ知らせるためにしたためた書状が最初だとされている。北川央《ひろし》氏は『おおさか図像学』のなかで、その書状のなかに「摂州《せっしゅう》東成《ひがしなり》郡《こおり》生玉《いくたま》の庄内《しょうない》大坂といふ在所」という記述があると述べている。

蓮如の書状には、「生玉庄のなかの大坂」とあることから、大坂という地名は、まだ小さな字《あざ》の名前程度に過ぎなかったようだ。しかし、蓮如が建てた御坊がやがて本願寺《ほんがんじ》の本山となり、周囲に寺町が造成されることによって、「大坂」は大きくなっていった。

とはいえ、現在の大阪に比べれば、まだまだその規模は小さく、現在の中心地のひとつである梅田や天王寺などは、まだ大坂の外側に位置していた。

では、その「大坂」は、いつ「大阪」へと変化するのだろうか。

正式には、明治の新政府になってからである。一八六八（慶応四年）年五月二日、明治新政府は大阪府を設置し、府名の印章が「大阪」と示されたのである。

これが正規に「大坂」が「大阪」となった瞬間である。

ただ民間では、江戸時代後期から少しずつ「大阪」という表記が使われていたという記録が残っている。江戸時代に活躍した狂言作家・浜松歌国《はままつうたくに》が、大坂と書く際に「大阪」と書く人がいると指摘している。

その理由を「坂の字を『土扁』にすると『土に反（返）る』となり「死」に通じてしまうので、『阝（こざと）扁』で書くべきである」と述べている。つまり、「坂」は縁起が悪いので、「阪」を使うというわけだ。これが庶民の間で広まり、やがて定着していったと考えられる。

もっとも、明治政府によって正式に「大阪」となった後も、それから二〇年ほどは、「大坂」との混用は続いたようである。

長年にわたり愛され、使用された「大坂」という名は、新しい時代が訪れても、あっさりと消えることはなかったのである。

# なぜ大阪のことを「なにわ」と呼ぶのか？

東京の「江戸っ子」に対して、大阪にも「浪速っ子」という言い方がある。「なにわ」には、浪速以外にも「難波」「浪華」「浪花」など、さまざまな漢字表記があるが、「なにわ」が大阪をあらわす代名詞であることには変わりない。なぜ大阪は「なにわ」と呼ばれるのか。

『広辞苑』によると、「いまの大阪市とその付近の旧称」と説明されている。つまり大阪のむかしの呼び方ということである。

ただ、すでに秀吉の時代から大坂という地名があったうえに、いまも地名として「なにわ」が使用されている（浪速区）ことを考えれば、むかしの呼び名というより、大阪の別称と考えたほうがよいのかもしれない。

この「なにわ」の語源には諸説ある。

まず、「ナ」は「魚」、「ニワ」は庭を意味するとして、豊かな漁場である大阪湾を指すという説。

さらに長く有力視されてきたものに、『日本書紀』のなかで、神武《じんむ》天皇が東征した際に、難波崎《なにわざき》で速い潮流にあって早く着いたことから浪速国と名づけたとの記述があり、これを起源としたという説がある。

古代の大阪は現在よりずっと狭く、河川や湖、大阪湾に囲まれた半島上だった。現在では上町台地と呼ばれる地域がそれで、かつてはこの一帯を難波、突端部を難波崎と呼んでいた。難波崎では、大阪湾の干満によって急流が発生していたと考えられており、『日本書紀』の記述は、これを意味していると考えられるのだ。

そして、もうひとつ有力なのが、「難波＝日の出る聖なる場所」とする説。この説を唱えた民俗学者の谷川健一氏によれば、その根拠となるのが、『万葉集』の歌のなかにある。

巻六に「直越《ただごえ》の／この道にてし押し照るや／難波の海と／名づけけらしも」という一首がある。直越とは大和から河内に抜ける峠の道のことで、この歌は難波に光が照りつけている様子を詠ったもの。つまり、この歌によれば、難波の海という名は、太陽の光が照りつけるからだということになる。

●五〜六世紀ごろの大阪一帯の姿

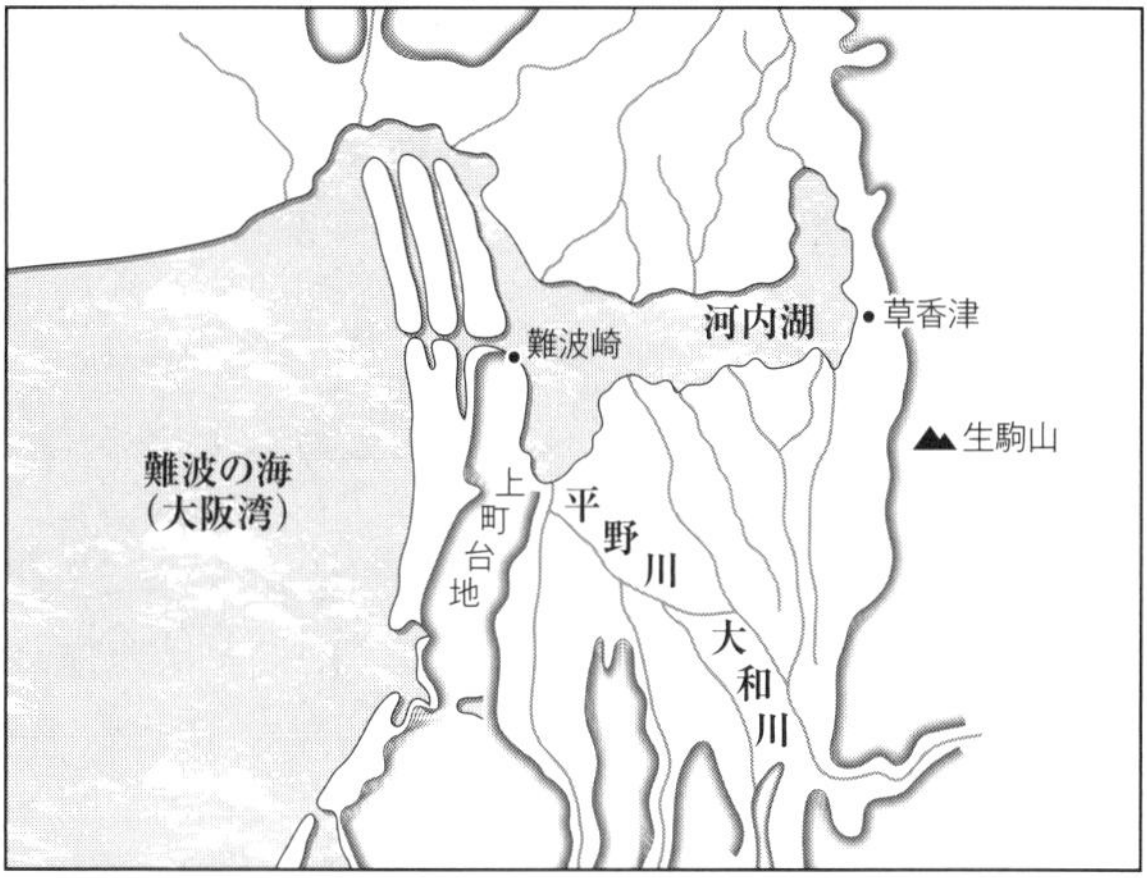


じつは、古代朝鮮語では「ナ」は「太陽」を、「ニワ」は「門、窓、出口」という意味がある。この古代朝鮮語に当てはめれば、難波は「日の出る聖なる場所」という意味になり、歌と矛盾しない。

また、この説に従えば、現在、その語源が判然としないほかの地名も説明できる。大阪には西成区《にしなりく》、東成《ひがしなり》区《く》という地名があるが、この「成」という字は古代から存在しているものの、適切な解釈がこれまでなかった。しかし、この「成」を、「難」と同様に朝鮮語の「太陽」の意味だとすれば、東成区、西成区という地名は、太陽が昇る場所と沈む場所と考えることができる。

はたして「なにわ」は潮の流れが速い場所だったのか、それとも太陽が昇る聖なる土地だったのか。大阪の愛称「なにわ」には、奥深い意味が隠れていそうだ。

## 「日本」という呼び名のルーツは大阪の「日下」にあり!?

東大阪市の近鉄新石切駅から一〇分ほど歩いた場所に、石切剣箭神社《いしきりつるぎやじんじゃ》がある。この神社は、神武天皇東征の際に、天神地祇《てんじんちぎ》を祀って戦勝を祈願したのが初めとされるひじょうに古い歴史を持っている。

この北隣には日下町《くさかちょう》があり、『古事記』の神武東征伝説にも登場する地名だ。のちに神武天皇となる神倭伊波礼毗古命《かむやまといわれびこのみこと》が、兄の五瀬命《いつせのみこと》と共に、この地の先住者の那賀須泥毗古《ながすねびこ》と戦ったところでもある。

この日下町という地名、よくよく考えてみると「くさか」とは読めない字である。たしかに人名でも「日下部さん」がいるように、すっかり定着している呼び方ではあるが、なぜ「日下」を「くさか」と読むようになったのか。

そのルーツは、東大阪市の日下という地にあるとされており、さらに、この日下という地名こそが、「日本」という国名のルーツだったという説があるのだ。

その謎を解く鍵が、先の東征伝説にある。神武天皇がこの地に降り立ったころ、大阪は大きな入江となっており、入江は生駒《いこま》山系の麓まで及んでいたと考えられている（一〇七ページ図参照）。一帯は草香江《くさかえ》と呼ばれ、生駒山系の西側は草香山とも呼ばれていた。

神武天皇の一行が播磨国を出て大和に向かうとき、先住者・那賀須泥毗古と戦闘になり、敗北。また兄の五瀬命は負傷してしまう。神武天皇は、「自分は日の神の子孫なのに、日に向かって戦ったことが良くなかった。迂回して、背に日を負って戦おう」と言って、南方からの迂回を図る。

そこで水路をとり、草香津に着き、孔舎衛坂《くさえのさか》から生駒山を越えて大和に入ろうとするのである。

つまり、現在の日下は、古くは「草香」「孔舎衛」などと書かれていたのである（『日本書紀』）。民俗学者の谷川健一氏によれば、もともと「日下《ひのした》の草香《くさか》」という言い方があり、それが転じて「日下」も「くさか」と呼ぶようになったのではないかと推測している。

　事実、草香（日下）の地は、現在の大阪市北区あたりから見て真東にあたり、西国から見ると、草香は一番奥まった場所であり、まさに日の出るところ、日の下にあたる。「日下の草香」という言い方があるのもそのためである。

　このような例はほかにもある。「長谷《ながたに》の泊瀬《はつせ》」から「長谷」を「はせ」、「春日《はるひ》の滓鹿《かすが》」から「春日」を「かすが」という読みが誕生している。「日下」もこれと同じだというわけだ。

　さらに、「くさか」と読む前は、「ヒノシタ」、または「ヒノモト」と読まれており、これがやがて「日の本」、「日本」という名を生みだすことになったと考えられる。つまり、東大阪市の日下こそ、日本という国名となったルーツと考えられなくもないのである。

# 第4章

# 東京には負けまへん ナニワ交通地図

# 大阪はなぜ「私鉄王国」になりえたのか？

大阪での一日の鉄道の乗車人数をＪＲと私鉄で比べると、その違いは明らかである。ＪＲが約一九〇万人であるのに対し、私鉄は約三四〇万人と一・七倍以上多い（二〇一〇年データ）。阪急をはじめ、京阪、近鉄、阪神、南海などが走っており、大阪が「私鉄王国」と呼ばれるゆえんである。

大阪が私鉄王国になった背景をたどってみよう。

大阪に最初に鉄道がつくられたのは一八七四（明治七）年のこと。明治政府の主導によって大阪～神戸が開通する。

当時、鉄道敷設を行なうのは官の仕事であるという考え方からか、民間が鉄道建設を請願してもなかなか許可が下りなかった。

それでも明治の中ごろになって、ようやく私鉄各線は大阪の郊外を走れるようになる。大阪の都心部は、相変わらず国営鉄道（現・ＪＲ）が独占している状況だった。

　しかし鉄道の利便性を追求するには、都心部へ線路を延ばすことが絶対条件である。

　私鉄各社は、なんとか都心部の中心である大阪駅と接続したいとして申請するものの、許可は下りなかった。

　そこで私鉄側が考案したのが、大阪駅との接続ではなく、大阪駅のすぐ近くに別の駅をつくり、そこまで線路を延ばすという案だった。つまり、「大阪駅」に対して、「梅田駅」という名前で申請することで認可を得たのである。

　その後は、国営鉄道に対抗するため、つぎつぎと独自の駅を設置し路線を敷設していったのだ。それを示すかのように、大阪の路線図を眺めてみると、ＪＲと並行するように走る私鉄路線が多い。

　さらに輸送能力を上げるために、運行数をはじめ、特急や急行などの種類を増やし、スピードアップを図った。私鉄同士でも熾烈な競争がくり広げられたため、電化や複線化、高架化が積極的に行なわれ、結果、サービス向上につながった。

　このような背景から大阪では、「官」のＪＲ路線よりも「民」の私鉄路線のほうが発達したのである。

大阪にも、東京の山手線のような大阪環状線があるが、これができたのは一九六一（昭和三六）年。山手線の運転開始よりもじつに三六年も遅い。これからもわかるように、私鉄優位の鉄道が、今日の大阪の交通網をつくりあげているのである。

# 関西の私鉄のなかで南海電鉄だけレールの幅が違う不思議

国内の鉄道レールの幅（軌間）はすべて同じと思いきや、じつは狭軌《きょうき》と広軌《こうき》のふたつがある。狭軌は一〇六七ミリ、広軌は一四三五ミリだ。JRの在来線と多くの私鉄が狭軌であり、新幹線と一部の私鉄が広軌である。

関東と関西の私鉄で比べてみると、関東が狭軌を採用しているのに対し、関西の私鉄は広軌を採用している。ところが、関西の私鉄でありながら南海電鉄は狭軌なのだ。

南海電鉄が狭軌となっている理由は、その「古さ」にある。南海電鉄が誕生したのは、一八八四（明治一七）年。日本初の私鉄といわれる日本鉄道の開業のわずか一年後のことだ。南海電鉄の当時の名は「阪堺《はんかい》鉄道」。大阪財界人の松本重太郎《じゅうたろう》、藤田傳三郎《でんざぶろう》らが発起人となって開業した。

建設には、前年の一八八三（明治一六）年に廃止された釜石製鉄所専用鉄道の払い下げの車両が用いられた。難波から、天下茶屋《てんがちゃや》、住吉、大和川の四駅を結ぶ、わずか七・六キロメートルの路線だった。

鉄道黎明期《れいめいき》の建設は、国内だけの技術力では不十分で、イギリスの技術を借りて行なわれた。その際、イギリスの植民地で採用されていた狭軌を日本に持ち込んだために、その後、全国に広がった鉄道網は狭軌が中心となったのである。

JRの在来線と関西を除く私鉄のほとんどは狭軌を採用していることからもわかるはずだ。開業時期が早かった南海電鉄も、当時のままに鉄道網を広げてきたために、狭軌で現在に至っているというわけだ。

いっぽう、時代が下り南海電鉄以外の私鉄が建設されるころになると、技術力が高まり、狭軌だけでなくレール幅が広い広軌の選択肢が生まれた。レール幅が広ければ、それだけ車両を大きくすることができ、また高速で走っても車両が安定するというメリットがある。現在、新幹線が広軌を採用しているのもこのためである。

ただ広軌は、建設費や設備費、車両費がかさむので、新たな敷設でも安価ですませられる狭軌を採用するのが一般的である。関東では、JRに乗り入れできるようにレール幅を狭軌にそろえ、「官」「民」の共存を考える傾向にある。

しかし、関西の私鉄に限っては、前項でも紹介したとおり、熾烈な競争を強いられてきた環境がある。「官」のことなどお構いなし。スピードと輸送力にすぐれている広軌のほうが、サービス向上につなげられると考えたわけだ。

# 巨大なクスノキが ホームと屋根を突き抜けている駅

寝屋川市《ねやがわし》萱島本町《かやしまほんまち》にある京阪電鉄京阪本線の萱島駅は、珍しい駅として知られている。

駅に降り立てば、その理由がわかる。ホームの真ん中に巨大なクスノキがそびえ立っているのだ。

高さ約二〇メートル、直径約七メートル、樹齢約七〇〇年という巨木で、よく見ると、木はホームの下から突き抜けており、さらに屋根も突き抜けて大空に向かって枝を広げている。

萱島駅は島式二面四線の高架駅で、クスノキは三、四番線の下り淀屋橋《よどやばし》方面行きホームの中央にそびえ立つ。この巨木は、高架駅の真下にある萱島神社のご神木でもある。

ご神木が、駅のホームと屋根を貫く光景はとても珍しい。そこには、鉄道と樹

## ●ホームから見たクスノキ

屋根を突き抜けている様子。この駅の高架下には「萱島神社」が祀られている

木の共存を図った京阪電鉄の英断があった。

発端は一九七二（昭和四七）年のこと。その年の一一月、京阪本線の土居《どい》駅～寝屋川駅で高架複々線にする工事に着手することになったのだ。このとき、ご神木の位置に線路を敷かなければならなくなり、京阪電鉄側は伐採することを決定する。

しかし当然ながら、ご神木を崇拝してきた地元住民らは猛反対。地元住民にとって、ご神木を切り倒すなどもってのほかというわけだ。

ご神木の霊妙だったのかその真偽はわからないが、いざ工事をはじめ

## ●萱島神社から見たクスノキ

ホームを突き抜けている様子

てみると、けが人が出てスムーズに工事が進行しないという事態が起きたという。

そこで、ご神木を別の場所に移動するという案も持ち上がったが、移植による成功率は五分五分だったことから、結局、このアイデアも破棄されてしまう。

このままでは、高架複々線化自体が頓挫《とんざ》しかねない。そこで京阪電鉄は、クスノキをそのままに、ホームのなかに取り込むことにしたのである。

現在の姿になったのは、高架複々線工事が完成した一九八〇（昭和五五）年のこと。駅のなかに巨木が誕生した瞬間である。

三年後の一九八三（昭和五八）年には、自然と調和した駅づくりと京阪電鉄の決断が高く評価されて、大阪都市景観建築賞を受賞している。

さらに一九八九（平成元）年に大阪府が選定した「大阪みどりの百選」に、二〇〇一（平成一三）年には近畿運輸局の「近畿の駅百選」にも選ばれている。

# 大阪の道路の特徴
# 「通り」と「筋」があるのはどうして？

大阪の通り名は、千日前通《せんにちまえどおり》などの「通」と、御堂筋《みどうすじ》などの「筋」がつく、独特なものである。このような通り名のつけ方は、江戸の町にも京都の町にもなかった。

これはアトランダムにつけられているわけでなく、東西方向の道を「通」、南北方向の道を「筋」と呼ばれることが多い。

たとえば船場の町割りは、豊臣秀吉の時代、東西南北に碁盤の目状に区割りされた。町は、東西の通りからつぎの通りまでを一ブロックとし、約七八メートル四方の正方形に区画整理されていた。

そして、大坂城へと続く東西の通り沿いには大きな店や家の玄関が並んだ。東西の道の幅は八・四メートルを基本とし、南北の通りの道幅は、六・五メートルしかなかった。

江戸や京の都をはじめ町づくりでは、南北方向に主要道が敷かれるのが一般的だが、大坂に限っては、東西方向が重要な道となったのだ。

つまり、東西の通りは、にぎやかな町通りでいわばメインストリートである。店や寺が並ぶ道なので、それぞれの通りに特徴が出てくる。それが町通りの呼び名となった。

それに対し、南北の通りは、メインストリートをつなぐための道で、筋と呼ばれた。

当時の町割りでは、各家の玄関は通りに面するように建てられた。東西の通りを挟んで、向かい側の家々の玄関が対面している形になるわけだ。

このような家並みだと、南北の通りに面するのは、家の横壁か塀である。各家の玄関が並ぶ東西通りと比べると、当然、にぎやかさに欠けている。結局、南北の通りは、通り抜けをするためだったというわけだ。

さらに、このように考えると、「筋」になぜ橋の名が多いのかも見えてくると、地理学者・足利健亮《あしかがけんりょう》氏は『中近世都市の歴史地理』のなかで指摘する。

たしかに、日本橋筋《にっぽんばしすじ》、難波橋筋《なにわばしすじ》、心斎橋筋《しんさいばしすじ》、天神橋筋《てんじんばしすじ》、戎橋筋《えびすばしすじ》など、筋に橋の名がつく場合が多い。

前述したとおり、筋は町通りからつぎの町通りをつなぐための役割しかないので、その道に名前をつけるような、なにか特徴のある道とはなり得ない。そこで仕方なくつけられたのが、通りを出たところにある堀に架かった橋の名前だったというわけである。

もちろん、なかには「御堂筋」のように例外もある。この場合は、沿道に「御堂」が建ったことから、その特徴をとって筋の名に冠されたのである。

## 梅田の地下街はどうしてこれほどまでに複雑なのか？

総面積一五万平方メートル、一日二〇〇万人以上が行き来する梅田《うめだ》の地下街。ここはラビリンス（迷宮）として有名な場所である。通路が複雑に入り組んでおり、いま自分がどこにいるのかわからなくなる人が多い。梅田地下街の店舗を紹介する大阪地下街株式会社によれば、窓口には、月に何千件もの道案内の問い合わせがあるという。

大阪の市街地は、東西南北が碁盤の目のようになっていて、比較的わかりやすい形をしている。にもかかわらず、梅田の地下街は、日本一わかりにくいといってよい。

その原因のひとつはＪＲ大阪駅にある。じつは、ＪＲ大阪駅は、碁盤の目のような大阪の市街地に対して、それに沿って設置されておらず、斜めに食い込んだようないびつな形で建造されている。

当初、大阪駅は梅田ではなく、南に位置する堂島《どうじま》に建設される予定だった。ところが、住民の反対にあい、用地買収がうまく進まず、計画を変更せざるを得なかった。

そこで梅田に駅を設けることになったのだが、線路の関係で、駅舎を市街地に対して斜めに建造せざるを得なかったのである。

大阪駅ができたことにより、それ以降、駅周辺の道路がつくられていくわけだが、梅田周辺はもともと湿地帯で、中央区のような碁盤の目状の道路が敷かれていたわけではない。そのため、斜めの駅舎を中心にして、それに沿って道路が整備され、また駅舎に向かって放射状の道路が無造作につくられることになった。そして、その道路の下が地下街となったため、迷路のような複雑な地下街になってしまったのである。

もうひとつ、梅田の地下街をわかりにくくしているのが、地下街の出口がほとんどビルの地下と連絡しており、地上の歩道にかんたんに出られないことだ。地上に出られる出口は、曽根崎《そねざき》警察署のそばなど、数えるほどしかなく、自分のいる場所がわからなくなる人が多いのである。

難波《なんば》の地下街と比べてみると、その違いがよくわかる。道路の拡張工事後にできた比較的新しい難波の地下街は、そのまま地上に出られる出口が多い。だから自分がどこにいるかわからなくなるということは少ない。

よく「梅田の地下街を迷わなくなったら、真の大阪人」と冗談半分でいわれるが、これはあながち嘘ではない。もっとも最近では、強力な助っ人も登場している。梅田の地下街を案内する携帯電話サービスがあり、現在地から目的地までの経路を教えてくれるのだ。

# ビルを貫通！度肝を抜かれる阪神高速道路

二〇一三年より建て替え工事がはじまる朝日新聞大阪本社ビルの西側は、阪神高速道路の土台となっている。建て替え工事後も、この部分は耐震補強をして変わらず高速を支えていく計画だという。この例は、まさにビルと高速道路のコラボレーションといえそうだが、じつは大阪にはもっと驚きのビルがある。

阪神高速の梅田出口にあるゲートタワービルだ。ビルの真ん中が空洞になっており、そこを高速道路が貫通している。つまり、車でビルのなかを通過できる。この区間の制限速度は時速四〇キロ。これは、ビル内部を通るという事情によるわけではなく、そこが高速道路の出口だからである。

ビルは地上一六階で、五～七階部分について「阪神高速道路」と案内板に明記されている。

この〝ありえない〟ビルが誕生した背景には、つぎのような事情があった。

## 空間の有効活用は大阪人の知恵

ゲートタワービルの地権者は、明治時代からこの地でビジネスを続けていた老舗。阪神高速道路の梅田出口をつくろうという話が持ち上がった一九八三年ころ、地権者もビルを新築しようとしていた。

所有者と道路整備側は、五年あまりに及ぶ交渉を重ねたものの、両者譲らず、なかなか話がまとまらない。

### ●ビルのなかを走る阪神高速道路

ビルは通称「ビーハイブ」と呼ばれる。蜂の巣、にぎやかな所という意味がある

道路は公共インフラであることを考えれば、いざとなれば地権者を強制的に退去させられたはず。

しかし道路整備側は、そうした「奥の手」を使わなかった。なぜ強制撤去しなかったのか、当時の交渉の真相は不明である。地権者の粘り勝ちか、あるいは、道路整備側が柔軟な発想を持っていたのか……。

とにかく、土地を買い取ることには失敗したものの、結果、両者「Ｗｉｎ－Ｗｉｎ」の見事な折衷案が考えられた。それが、地権者のビルの新築はそのままに、ビルのなかに高速道路を通してしまうというものだったのだ。

阪神高速株式会社によると、両者で合意がなされたあとは、一九八九（平成元）年に工事に着工し、擦り合わせを行ないながら、ビルと道路を同時に建設したという。なにもビルを建ててから、なかをぶち抜いたわけではない。

そして道路は一九九二（平成四）年に開通する。

このような空間利用は、東京より大阪に多い。そこには、「道路がビルを貫通する」ことを「おもろい！」と感じ、「やってみなはれ」と後押しする大阪人らしい気質が感じられる。

# 大阪の主要道路は全国でも珍しい一方通行

現在、大阪市内を南北に縦断する四《よ》つ橋筋《ばしすじ》、御堂筋、堺筋、松屋町筋《まつやまちすじ》はみな五～六車線もある大きな道路である。とくに御堂筋は、大阪を象徴する目抜き通りとして南北を結んでいる。

第一次都市計画事業で地下鉄御堂筋線建設と合わせて、一九二六（大正一五）年に拡幅工事がスタートし、一九三七（昭和一二）年に竣工した。

大阪国道事務所によれば、それまでの御堂筋は、全長一・三キロメートル、道幅六メートルの狭く短い道路だった。それが一気に全長約四キロメートル、道幅約四四メートルまで拡張された。当時の市民は「飛行場でもつくる気か」と度肝を抜かれたという。

両端には歩道が設けられ、イチョウとプラタナスを植樹。沿道には、日本銀行大阪支店、日本生命本社ビル、大阪ガスビル、新歌舞伎座などの名建築のビルが建ち並んだ。まさに新しい都市時代の到来を告げるような美しい道路ができたのである。

そして現在の御堂筋、いまでは大阪市民にとって当たり前の光景だろうが、はじめて御堂筋を訪れた者は唖然とするかもしれない。それは道幅の広さではなく、一方通行であることだ。六車線の幹線道路でありながら、車がいっせいに北から南へと向かうからだ。

ほかにも御堂筋の東側にある堺筋と西にある四つ橋筋は、逆に南から北に向かう一方通行であり、松屋町筋は、御堂筋と同様に北から南へ向かう一方通行である。

一方通行といえばふつう、車がすれ違えないような狭い道路のはず。五～六車線もある幹線道路で、しかも市内の中心部が一方通行というのは、国内の主要都市を見わたしても珍しい光景である。

## 幹線道路の一方通行はなぜ生まれたのか

きっかけは、一九七〇（昭和四五）年に千里《せんり》丘陵《きゅうりょう》で開催された日本万国博覧

## ●南北に走る幹線道路の一方通行

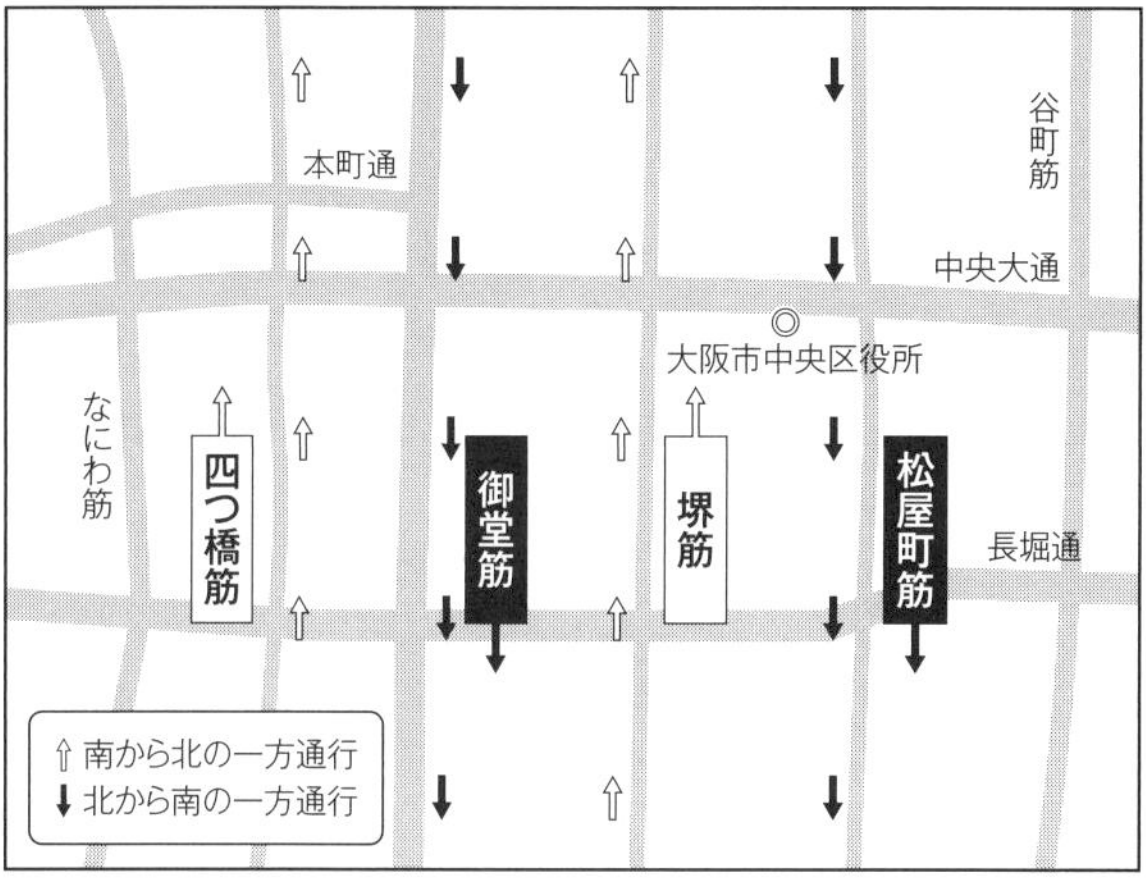


会（大阪万博）である。約六四〇〇万人の入場者を集めた、当時としては最大規模の万博だった。

開催が決定した六五年から大阪府は、交通渋滞と事故防止のため道路整備に取り組んだ。その一環として、それまでは双方向通行（対面通行）だった御堂筋をはじめ、ほかの幹線道路（四つ橋筋、堺筋、松屋町筋）を一方通行としたのである。

道路整備に一方通行を採用した真相はわからない。

ただ一説には、ニューヨークの中心部・マンハッタンの道路を真似《まね》たともいわれる。マンハッタンの大部分の通りは、格子状につくられている計画道路で、マンハッタン市内の道路の多くは一方通行になっている。大阪市内の碁盤の目のような道路がマンハッタンと似ていることから、同じ方法を用いたというのである。

たしかに一方通行による効果はそれなりに出たようで、規制開始から半年後の調査によると、車の流れがとまってしまうような渋滞や交通事故は、二〇〜三〇パーセント軽減できたという。

渋滞緩和と事故防止に、主要な幹線道路を一方通行にするという方法は、思い切りのよい大阪ならではの発想だったといえるかもしれない。

# 東京・日本橋がライバル？大阪の要衝地・梅田新道交差点

東京・日本橋《にほんばし》は、明治時代にはじめて国道が敷かれて以来、全国各地へと延びる国道の起点となった。具体的には国道一号（東京～大阪）、四号（東京～青森）、六号（東京～仙台）、一四号（東京～千葉）、一五号（東京～横浜）、一七号（東京～新潟）、一二〇号（東京～長野・塩尻《しおじり》）の七路線の起点になっている。

地図を眺めてみると、国道二四六号線、二五四号線も日本橋を起点としているようにみえるが、これは先に挙げた国道から枝分かれしたものなので、正式には日本橋を起点とする国道ではない。

日本橋の橋のうえには、国道の起点となった印として「日本国道路元標《どうろげんぴょう》」が埋め込まれている。道路元標とは、道路の起点や終点、経過地を示すための掲示物のことだ。いかにも日本の道路の中心といった趣《おもむき》である。

じつは、この日本橋と同じような要衝地が大阪にもある。梅田新道《しんみち》交差点だ。

ここは、七つの国道の起点と終点になっている。たとえば、国道一号線は、前述の日本橋を起点として梅田新道交差点が終点となる。また、三重・四日市《よっかいち》を起点とする二五号線、京都・宮津《みやづ》を起点とする一七六号線の終点でもある。

いっぽう、梅田新道交差点が起点となるのは、国道二号線（終点は北九州）、二六号線（終点は和歌山）、一六三号線（終点は三重・上野）、一六五号線（終点は三重・津）の四つである。

つまり、要衝の東の代表が日本橋なら、西の代表は梅田新道交差点といえるのだ。

梅田新道交差点の角の道路沿いには、黒い石の台に乗った三角錐《さんかくすい》があるが、これは「大阪市道路元標」である。

道路の起点や終点を示す道路元標は、一九一九（大正八）年の旧道路法により、各市町村にひとつ設置することが義務づけられた。

ところが、梅田新道交差点の道路元標は、この旧道路法ができるより前に置かれていたのである。その理由は、道路元標の前身ともいうべき「里程元標《りていげんぴょう》」が、

## ●国道が集まる関東と関西の要衝地

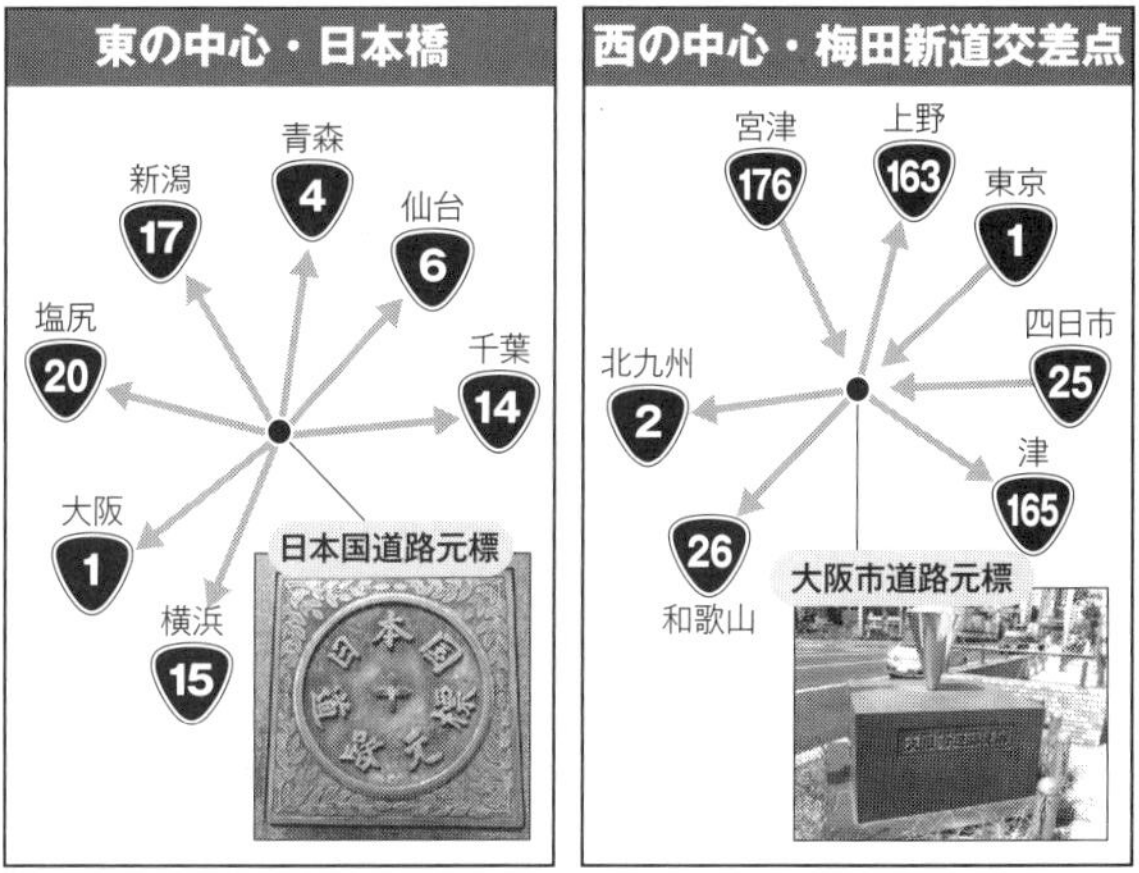


すでに明治時代に設置されていたからだ。

道路元標（里程元標）があった当時の位置は、正確にいうと、現在の道路元標が置かれているところではない。江戸時代、梅田新道交差点よりも南東にある高麗橋《こうらいばし》東詰《ひがしづめ》を起点として里程計算が行なわれていた。ここを起点に、京街道、中国街道、紀州街道などの距離や馬車料金が決められた。

また、高麗橋は公儀橋《こうぎばし》として重要視され、その西詰には町奉行の札場《ふだば》（法度や犯罪人の罪状などを記し、庶民に示すために掲げた板札）もあった。それだけ、この場所は当時から重要な場所だったのである。

その後、道路法が制定され、江戸時代の街道ではなく国道ルートの整備がなされるようになり、一九二二（大正一一）年に、大阪市庁舎前に設置された。

現在の位置に道路元標が移設されるようになったのは、一九五二（昭和二七）年に新道路法が制定された翌年である。

# 十字に交わる川があった？不思議な景観が人気を呼んだ四つ橋

四つ橋筋と長堀通《ながほりどおり》という二つのメインストリートが交差するのが、四つ橋交差点である。ビジネスマンと車が絶えることなく行き交う大阪の中心部だ。その喧騒な四つ橋交差点の一角に、小さな碑が建っている。

涼しさに／四つ橋をよつ／わたりけり（来山）

後の月／入りて貌よし／星の空（鬼貫）

碑に刻まれているこの二句は、江戸時代の俳人、小西来山《こにしらいざん》と上島鬼貫《うえじまおにつら》が詠んだものといわれている。

今ではどこを見ても川など見当たらないが、来山の句にあるように、かつて東西を流れる長堀川と南北方向の西横堀川《にしよこぼりがわ》という二つの水路が交差し、長堀川には炭屋橋《すみやばし》と吉野屋橋《よしのやばし》、西横堀川には上繋橋《かみつなぎばし》、下繋橋《しもつなぎばし》の四つの橋が井桁状に架かっていたのである。これが、四つ橋という名前の由来である。

四つの橋がいつ架けられたのかは不明だが、長堀川の開削が行なわれたのが江戸前期の一六二二（元和八）年ごろだったとされているので、橋ができたのもその時分だったと思われる。

四つ橋誕生後は、橋を行き交う人、橋の下で航行する舟で賑わい、商業都市・大阪の象徴となったが、いっぽうでは、風光明媚な場所として観月や夕涼みの名所としても知られ、俳句や絵に描かれてきたのである。

## 大阪の変遷を象徴する四つ橋

その後、四つ橋は時代の変化と共に、その姿を大きく変えていく。

四つ橋が最初に大きな変化を見せたのは、一九〇六（明治三九）年、大阪市がはじめて市電を走らせ、一九〇八（明治四一）年、大阪の鉄道網の主軸として東西線と南北線が敷設されたときのことである。

このとき、二つの市電が交差したのが四つ橋である。四つ橋の上には、クロスした二条の線路が東西南北、どちらにでも曲がれるようになっており、「ダイヤモンド・クロッシング」と呼ばれた。電車と電車がすれ違う様子が珍しく、四つ橋には多くの見物客が訪れたと伝えられている。

その珍しさは、当時の『電車唱歌』に「ここは特殊の軌道にて、ダイヤモンドの名も高し」と謳われている。

昭和に入ると、鉄筋コンクリートの橋に代わり、形もすべてアーチ型に変わった。アーチ型は、運搬船の往来を想定したものである。

一九三七（昭和一二）年三月には、四つ橋の角に大阪市電気科学館が開館。日本初のプラネタリウムが人気を呼び、四つ橋はさらに多くの人で賑わった。

しかし、戦後になると水運の時代が終わりを告げる。高度経済成長によって車の数が急増し、市電が通っていた四つ橋は、渋滞の原因となった。一九六九（昭和四四）年には、ついに市電は全廃。かつて大阪最大の交通量があった四つ橋は、その座を御堂筋に譲ることとなった。

さらに、道路幅を拡張するために、一九七一（昭和四六）年に西横堀川が、さらにその二年後には長堀川も埋め立てられ、川も橋も姿を消してしまい、四つ橋という地名のみが残ることになったのである。

長堀川の跡は地下街や駐車場として利用されており、この地に、川があったことも、橋があったことも想像できない。

# 人柱伝説で有名な長柄橋
# じつは「幻の橋」だった？

淀川は大阪にとって恵みの存在であるいっぽうで、頻繁に氾濫を繰り返し、通行を妨げる悩みの種でもあった。

古代の大阪人が、この淀川に橋を架けるためにたいへん苦労したことは想像に難くない。そんな苦労が語られているのが、大阪で古くから伝わる「長柄橋《ながらばし》伝説」である。

――むかしむかし、垂水《たるみ》（吹田市垂水）の里に、巌氏《いわし》という長者が住んでいた。ある日、巌氏が長柄橋に来ると、橋が流されて人々が困っていた。もはや人柱《ひとばしら》を立てるしかないと考えた橋奉行が、その方法を巌氏に相談すると、巌氏は、「継ぎのある袴《はかま》をはいている人を人柱にすればどうか」と提案した。

途端、周囲の人々は息を呑んで沈黙した。当の本人である巌氏の袴に継ぎがあったからだ。こうして巌氏は人柱として水底に埋められてしまったのである。

巌氏の妻は嘆き悲しんだ。娘の光照前《てるひのまえ》は、余計なことを言ったばかりに命を落としてしまった父を思い、二度と口を開くまいと心に誓った。

その後、光照前は嫁いだものの、まったくしゃべらないので実家に帰されることになった。夫に送られる途中、雉《きじ》が鳴いたのを耳にした夫がそれを射止めると、光照前は、「もの言わじ／父は長柄の橋柱／鳴かずば雉も／射られざらまし」という歌を詠んだ。嫁がはじめて口をきいたことに夫は喜んだという――。

この伝説は、不要なことを言えば、我が身にふりかかるという教訓である。伝説の舞台となった長柄橋が、大阪市東淀川区と北区の間を流れる淀川に架かっている。

橋長六五五・六メートル、幅二〇メートル。中央部には、ニールセン・ローゼ桁というアーチ型の橋が採用されており、アーチ面が内側に傾いている珍しい様式（バスケットハンドル形）をしている。大阪を代表する特徴的な橋だ。

## 一〇〇〇年を経て復活した幻の橋

冒頭の伝説にも登場するだけあって、長柄橋の歴史はひじょうに古い。この橋

## ●長柄橋・第二号が架けられた当時（1936年）

長柄橋の渡り初め式の様子（提供：毎日新聞社）

が登場するのは『日本後紀《にほんこうき》』で、八一二（弘仁三）年、中央政府から造橋使が派遣されて工事が行なわれたとされる。

　ところが、長柄橋の寿命はひじょうに短かったようで、松村博氏の『大阪の橋』のなかで、四〇年後の八五三（仁寿三）年には、橋はすでに廃しており、渡し船が設けられていたと述べられている。

　その後、長柄橋という橋はぷっつり姿を消し、再び長柄橋が登場するのは、一九〇九（明治四二）年、淀川改良工事にあわせて、新淀川にかかる橋の第一号として架設されたときだ。つまり、長柄橋は一〇〇〇年以上にわたって姿を消していたことになる。人柱を立てるほどの橋であったにもかかわらず（もちろん伝説ではあるが）、橋の存在は完全に途絶えていたのである。

事実、長柄橋の名は、古くから歌や日記に登場するのだが、そのどれもが、「長柄橋が姿を消して寂しい」「むかしは橋杭だけ残っていたそうだが、今はそれもない」などと、橋の消失を嘆いたものばかりである。

たとえば、『古今和歌集』巻十七の「世の中に／ふりぬるものは／津の国の／ながらの橋と／我となりけり」に代表される和歌をはじめ、三条西実隆《さんじょうにしさねたか》の『高野参詣日記』、足利義詮《あしかがよしあきら》の『住吉詣』などの道中記などに見受けられる。

もちろん、長柄橋が途中で再建された可能性がないわけではないが、再建されたことを示す記録が残っていない。

今となっては長柄橋が、はたしてどの場所に架けられていたのかを知る手段もない。長柄橋は一〇〇〇年もの間、幻の橋として、歌や物語のなかで存在し続けていたことになる。

こうして一〇〇〇年後に再び登場した長柄橋だったが、一九三六（昭和一一）

年、現在の橋の下流三〇メートルの位置に第二号が建設された。しかし第二次大戦末期に被弾して橋桁が激しく破損。橋の下に避難していた多くの人々が犠牲になるという悲劇が起きている。

そして一九六四（昭和三九）年、付近の渋滞が激しくなったために、長柄バイパスが建設されたのにともなって橋は改良され、さらに一九八三（昭和五八）年、治水工事にともなって、現在の長柄橋が誕生している。

# 第5章

# 「水の都」はこうしてできた大阪まる見え地理案内

# 大阪府にはなぜため池がこんなに多いのか？

大阪の地図を広げてみると、郊外には大小の池が多いことに気づくだろう。大阪は、水の都と呼ばれるほど河川の多い土地だが、じつは池も多い。池といっても多くは、農業用水の確保を狙って整備されたため池である。

大阪府環境農林水産部によれば、ため池の数は、約一万一〇〇〇個にも及ぶ（二〇一一年度末時点）。この数は全国で四番目に多い数である。そのほとんどが、その土地の農業団体や個人の管理である。

また一平方キロメートルあたりの数を示す「ため池密度」は五・九個で、こちらは香川県の七・八個に次いで全国第二位である。大阪府の総面積は、全国第四六位と広くないうえ、宅地化された地域が多いことを考えると、この数は驚異的である。

これだけため池が多いのは、瀬戸内式気候のために年間約一三〇〇ミリメートル程度の降水量しかなく、農業用水を安定的に供給することが求められたからだ。大阪では古くからため池がつくられており、その歴史は、なんと飛鳥時代の七世紀にまで遡る。

日本最古とされるため池も、ここ大阪である。それは大阪狭山《さやまし》市にある狭山池で、『古事記』に垂仁《すいにん》天皇の築造といわれる。狭山池は、陶器山《とうきやま》丘陵と羽曳野《はびきの》丘陵の間を流れる天野川をせき止めてつくられたものだ。

平成になって発掘調査をしたところ、水を通すための樋管《ひかん》が発見され、それが六一六年ごろのものと判明したのだ。古《いにしえ》の時代に狭山池を生みだすことができたのは、飛鳥時代、朝鮮半島の百済《くだら》から技術がわたってきたことが大きい。

その後も、奈良時代には僧侶・行基《ぎょうき》が、鎌倉時代には東大寺再建で知られる僧侶・重源《ちょうげん》が、修復を手がけたとされている。江戸時代には、幕府直属の大坂町奉行が管理したこともあった。それほどため池は必要不可欠な存在だったのである。

このように長い間、人々の暮らしと大阪の農業を支えてきたため池だったが、現代では宅地化が進み農地が少なくなり、必要なものでなくなりつつある。そればかりか、住民からは、水が臭って衛生面が心配である、子どもに危険ではないか、といった声があがっており、その役割が問われている。

ため池は埋め立てられ、年々減っているのが現状だ。大阪府では、ゴミの清掃を行なったり、樹木や花を植えるなどの地元住民の活動に対して市町村とともに支援したりして、ため池が地元住民のやすらぎや憩いの場となるように、地域づくりを進めている。

# いまも秀吉がつくった下水道を使っている!?

大阪の地盤は、淀川、大和川などの土砂の堆積（沖積層《ちゅうせきそう》）からなっているため、ひとたび大雨に見舞われると、浸水被害を起こしやすい。現在でも、大阪市域の九割がポンプ排水を行なっている。

大阪の歴史を振り返ってみても、雨に弱い地盤が課題だったことがうかがえる。豊臣秀吉が大坂城を築城した約四〇〇年以上前、「背《せ》割《わり》下水」と呼ばれる下水溝をつくっている。

秀吉は、城下町の道路整備の一環のなかで下水の整備にも力を入れており、秀吉時代の下水溝であることから「太閤《たいこう》下水」とも呼ばれた。下水整備を行なってまで大阪の地に城をつくることに決めた秀吉の並々ならぬ思いが伝わってくる。

「背割下水」は、当時、北側の家の玄関は北向き、南側の家の玄関は南向きにつくられていたため、ちょうど家の背が向かい合う形になっていた。その向かい合う背中を割るように下水を通したことからついた呼び名である。この時代の下水道にはふたはされず、ちょうど用水溝のような状態であった。

一八九四（明治二七）年、背割下水の改修をはじめたのが近代下水道のはじまりといわれる。この改修を経てつくられた総延長約二〇キロメートルの下水道は、現在も使われている。こういうと、四〇〇年以上も前につくられたものが、そのままいまも現役なのかと思うかもしれない。

じつは、歴史を細かく見ていくと、秀吉の背割下水を引き継いで、江戸時代前期に素掘りの水路が掘られている。さらに江戸時代後期になると、石組でより強固な溝がつくられた。この石組の溝を明治時代に改修したというわけである。

つまり、秀吉がつくった下水溝がそのまま現存している可能性は低く、現時点の発掘調査でも、秀吉の時代まで遡れるかは確認されていない。

ただ、秀吉の背割下水がもととなって、今日に受け継がれていることは間違いなく、地元市民は、いまも「背割下水」を「太閤下水」と呼んでいるのだ。

## 太閤下水はいまでも見学できる

現在、この太閤下水をかんたんに見ることができる。中央区農人橋《のうにんばし》にある市立南大江小学校の校舎と体育館の間には、明治二七年に改修されたときの下水道の姿が公開されている。地上に設置されたのぞき窓から、その様子をうかがえる。石を積み上げた幅一メートル、深さ二メートルほどの溝があり、いまでも水が流れている。

この下水はむかし、東横堀川《ひがしよこぼりがわ》までつながっていたが、いまはアスファルトで舗装され路地になっている。

現在の下水については、大阪市文化財協会の『なにわ考古学散歩』に詳しい。それによると、いまは暗渠《あんきょ》（地下に埋没された水路）となっており、南大江小学校のグランドを通り、東の谷町筋《たにまちすじ》へと流れているという。その後は南へと進み、谷町六丁目の北の龍造寺町《りゅうぞうじちょう》までつづいているそうだ。

見学できる部分を含めた約七キロメートルの下水道について、近世以前のものであることが確認されており、なおかつ現在も使われていることから、貴重であるとして、市の文化財に指定されている。

太閤下水の地下施設の様子をのぞき窓からでなく、なかに入って見たいというなら、事前に財団法人都市技術センターへ申し込みをすれば、無料で見学できる。いまなお残る太閤秀吉の面影をより感じることができるだろう。

秀吉の背割下水から四〇〇年、現在、大阪の下水道普及率は九九・九パーセントに達している。

# 「ミナミ」と「キタ」なぜこんなに違う顔になったのか？

地域の気質を対比して、東京には「下町」「山の手」という呼び方があるが、その大阪版とも言える呼び方が「ミナミ」「キタ」である。

一般に、「ミナミ」とは、御堂筋の南側、難波《なんば》から千日前《せんにちまえ》、道頓堀《どうとんぼり》、心斎橋《しんさいばし》あたりを指し、「キタ」は、御堂筋の北側、梅田周辺から天満《てんま》、堂島《どうじま》、中之島《なかのしま》あたりを指している。もっともこれは目安であって、両者に明確な区割りがあるわけではない。

それでも東京の「下町」「山の手」同様、地域の特徴から、「ミナミ」は庶民的な街、「キタ」は都会的な街というイメージがある。東京の「下町」が大阪では「ミナミ」にあたり、東京の「山の手」が大阪では「キタ」にあたるといったところだろうか。

たしかに「ミナミ」には、むかしから商売を続けている小さな店が多く、気取らない雰囲気がある。いっぽうの「キタ」は近代的な大型店が多く、洗練された感じを受ける。

なぜ、このような対象的な街ができたのか。

これは、街の誕生からこれまでの歩んできた歴史によるところが大きい。まずは、歴史の古い「ミナミ」の変遷を見てみよう。

## 「ミナミ」と「キタ」の違いはその歴史から

ミナミの歴史は、豊臣秀吉が安井道頓《やすいどうとん》へ土地を下賜《かし》したことからはじまる。道頓は、この土地を開拓するために堀の開削に着手する。しかし、大坂夏の陣で戦死したため、彼の代わりに従弟の安井道卜《どうぼく》が事業を継ぎ、道頓堀を完成させた。

さらに道卜は、この道頓堀の両岸に市街地を築く。そのとき、たんに市街地をつくるだけでなく、南船場《みなみせんば》にあった芝居小屋と遊所を移転させている。

江戸時代の最盛期には、歌舞伎座、浄瑠璃座、からくり芝居小屋や芝居茶屋が集まり、大いに賑わった。

さらには、道頓堀北岸の宗右衛門町《そうえもんちょう》、南岸の九郎右衛門町《くろうえもんちょう》の花街なども巻き込み、「ミナミ」は大阪町人文化の拠点となっていったのである。明治中ごろになると、町人の町らしく、呉服店（大丸やそごう）が並び、やがて百貨店へと姿を変えていった。

現在では、歌舞伎座などはなくなってしまったが、こうした町人文化の伝統を引き継ぎ、「食い倒れ」を象徴する一大飲食店街を生んだのである。

いっぽう、「キタ」のはじまりは、江戸時代、曽根崎川《そねざきがわ》（蜆川《しじみがわ》）の改修によって堂島《どうじま》新地が開発されたことによる。このときより、茶屋を置くことを許可され、遊里として賑わいをみせる。

その後、堂島では米取引が行なわれるようになったため、遊里は北の曽根崎新地へと移っていった。米の取引を行なうのはおもに大商人である。そのため、ここは大商人が各藩の留守居役を接待することが多かった。接待に使われたのが、曽根崎新地の遊里だったのだ。もともと各藩の高位の武士や大商人が通う店が多く、高級店が集まったのである。

明治時代になると、大阪～神戸間の官営鉄道が開通し、大阪駅（現・ＪＲ）が開業した。一九〇五（明治三八）年には阪神電鉄、一九一〇（明治四三）年には箕面有馬電軌《みのおありまでんき》（現・阪急電鉄）が、始発となる梅田駅を開業した。

さらには、阪神電鉄と阪急電鉄が駅ビルにデパートを開業し、やがて曽根崎新地ともつながっていった。

昭和の時代になると、「キタ」は一大ビジネス街となり、梅田周辺が中心地となっていくのである。現在、梅田駅は一日に二〇〇万人以上が乗降する巨大駅となり、その周辺は西日本一の高層ビル街となっている。

たどってきた歴史の違いが、異なる「ミナミ」の顔と「キタ」の顔を生んだのである。

# 魚や生き物の宝庫「淀川ワンド」はどうしてできた？

淀川はその源を琵琶湖に発し、大阪平野を西南に流れて大阪湾に注ぎ込む。その流路は七五キロメートル、流域総面積は八二四〇平方キロメートルに及ぶ。流域は大阪、兵庫、京都、奈良、三重の二府三県にまたがり、大阪はもちろんのこと、近畿地方の社会・経済活動を支え続けてきた。

古代日本の歴史は、淀川によって開かれたといってもよい。瀬戸内海や西国への海上交通の要衝であり、京の都へ物資を運ぶ輸送路であり、また文化や情報の交流路であった。

しかし淀川流域は、氾濫や土砂流入に悩まされてきた。とくに江戸期以降の薪《しん》炭《たん》採取や新田開発のための森林伐採が進むと、森林が保水能力を失って土砂が流れ込んだ。このころの淀川には、至るところに土砂が溜まり浅瀬が多かったという。

●淀川ワンドの水制のしくみ

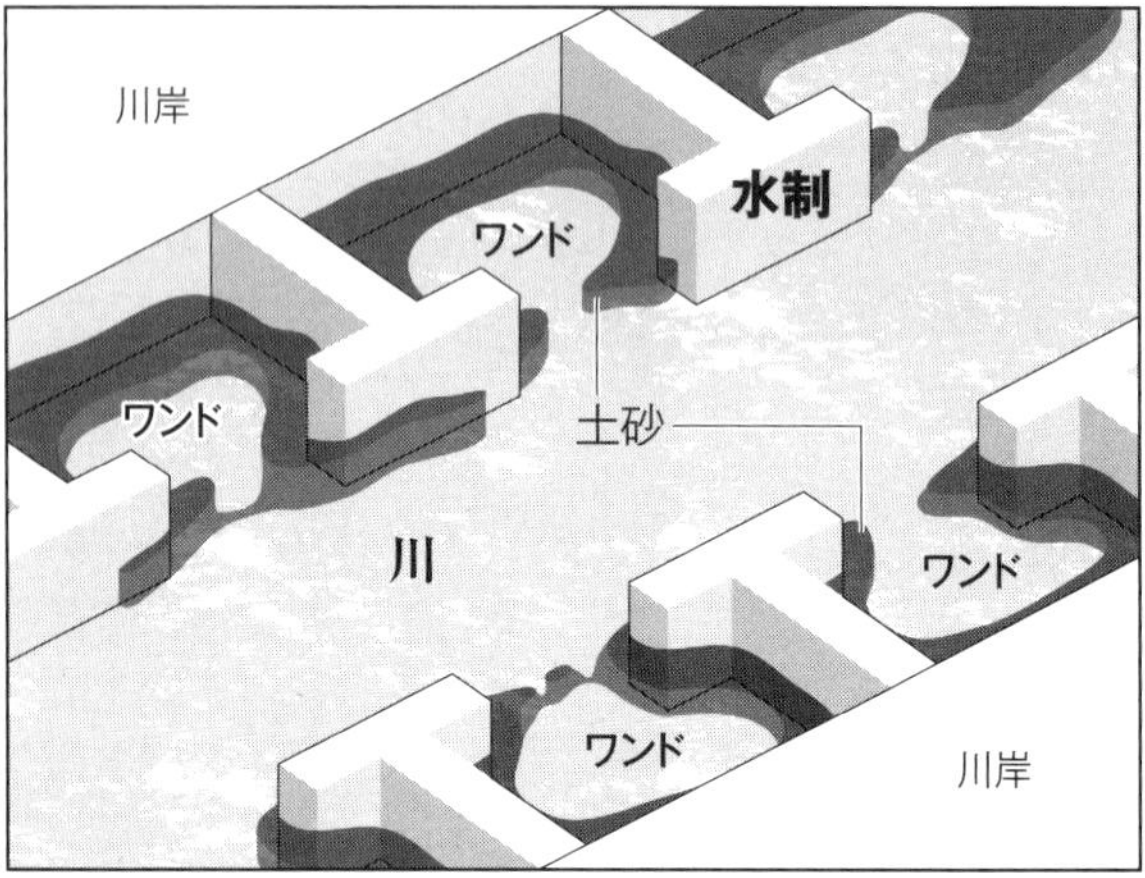


明治になって政府は、外国から技術者を呼んで大阪に港をつくる計画と淀川の治水計画を依頼する。それは、大阪から京都の伏見まで淀川を蒸気船が通れるようにするというもの。一八七三（明治六）年、オランダ人のヨハニス・デ・レーケらの土木技師が来日し、淀川の改修に取り組んだ。

大阪から伏見まで蒸気船を通すには、約一・五メートルの水深の水路が必要になる。また、あまり急な水路にすると川の流れが速くなって蒸気船が上りにくくなるため、水路をわざと曲げて流れを緩やかにする必要がある。その水路の曲がったところに水圧で水路が壊れないように「水制《すいせい》」を設けた。水制とは、川の流れる水の作用から川岸や堤防を守るために、水の方向や勢いを変える施設である。

淀川で用いられた水制は、岸から川に垂直に突き出したコンクリートの構造物で、小枝や下草をこの上にのせて大きなマットをつくり、それを何重にも積み重ねて川の底に沈めるというものだ。これが、魚や鳥、植物の生息場となる淀川特有のワンド（湾処）と呼ばれる小さな池状のたまり場を生んだのだ。

## 危機に瀕する淀川ワンドのいま

水の流れがないため、ワンドに囲まれたところに土砂がたまってその上に水草や木が生えた。するとそこは、絶好の魚の産卵場となった。フナ、コイ、タナゴなどの魚やドブガイ、ヒメタニシなどの貝類が生息。

タナゴの仲間のイタセンパラは、淀川のワンドでしか生息していない魚である。一時絶滅したと思われたが、赤川鉄橋下流左岸のワンドで見つかり、一九七四（昭和四九）年に天然記念物に指定されている。

しかし近年、外来種の放流や水位の低下などの環境悪化が進み、最近の調査ではイタセンパラの生息が確認されないばかりか、在来種が激減している。

河川改修や河川敷公園づくりでワンドが次々に姿を消しており、一九七〇年には約五〇〇か所にあったワンドが、現在は五五か所までに減っている。

そのため、生物の生息が危ぶまれており、人工的にワンドをつくる計画も進められている。

# 橋は江戸のほうが多いのに大坂が「浪華八百八橋」といわれたワケ

豊臣秀吉が大坂の町づくりをはじめたとき、東横堀川、西横堀川、天満堀川《てんまぼりがわ》などの水路を掘って水はけをよくした。それを皮切りに、戦国時代から江戸時代にかけて数多くの堀川の開削がさかんに行なわれた。

大坂の町は四方を縦横無尽に走る堀川によって囲まれていた。そしてこれらの水路により米や物資がさかんに運ばれ、大坂は経済都市として活況を呈した。「水の都」大坂の誕生である。

堀川が多くつくられれば、当然橋も架けられる。一五八五（天正一三）年に秀吉によって東横堀川に架けられた大坂橋や高麗橋《こうらいばし》は、改修されて現在も残っている。

江戸時代になると徳川幕府によって船場《せんば》や島之内の開発が進められ、淀川（大川）には幕府がつくった公儀橋《こうぎばし》の天満橋、天神橋、難波橋《なにわばし》が架けられた。

それ以外の水路の整備と橋は、大坂の商人や町人たちによって行なわれた。道頓堀川をはじめ江戸堀川、立売堀川《いたちぼりがわ》などが整備され、淀屋橋や戎橋《えびすばし》など多くの橋が架けられた。

つまり、水の都・大坂の活動を支えてきたのは、堀川とそこに架かる多くの橋であった。

現在は埋め立てられて道路になっている場所もあるが、市内には当時の堀川やそこに架かる橋の名残りが地名に見られる。

江戸時代、江戸は「江戸八百八町」、京都は「京都八百八寺」と謳われたのに並んで、大坂は「浪華《なにわ》八百八橋」と呼ばれた。それほど大坂には橋が多かったというわけだが、じつはそうではない。当時は江戸には三五〇もの橋があったが、大坂は二〇〇ほどだった。

ではなぜ大坂が「浪華八百八橋」と謳われたのか。

## 町人の矜持が生んだ「浪華八百八橋」

じつは三五〇ある江戸の橋の半分は、公儀橋といわれる幕府が架けた橋だった。

いっぽう、大坂の公儀橋はわずかに一二で、ほとんどの橋は、町人が商売や暮らしのために自費で架けた「町橋」だったのだ。

江戸と違い、大坂は町人や商人に支えられて発展した都市であることがわかるだろう。橋をつくる費用の分担は各町によって異なり、話し合いで決められた。自分たちが懐を痛めて自分たちでつくった橋である。当然ながら、町人の橋への愛着は、江戸とは比べものにならない。これが「浪華八百八橋」と謳われたゆえんである。

『大阪まち物語』によれば、現在、大阪には八〇〇弱の橋が架かっているが、これも東京や京都、神戸と比べて少ない（東京二三区内には三八〇〇、京都市が一三〇〇、神戸市は二〇〇〇）という。

さらに大阪の橋の特徴は、ひとつの橋の面積がほかの都市より大きいことにあると述べている。市域面積に占める橋の面積の割合は、大阪は東京の二倍以上、京都、神戸の一〇倍近いというのだ。

数にはおよばないが、橋ひとつひとつへの思い入れが違う証左といえるかもしれない。

現在、古い橋のなかには歴史的、土木的に価値が高い遺産もあり、大阪市ではライトアップ、顕彰碑の設置など、その保存や活用に取り組んでいる。

また、道頓堀川水辺整備事業で遊歩道を設けたり、湊町《みなとまち》リバープレイスという新名所をつくったり、新たな水都再生を目指しての試みを実施している。

# 平城京や平安京より古い宮殿が難波にあった！

古代、大阪は難波を「なにわ」と読み、現代のように「なんば」と読むようになったのは平安時代になってからである。

大阪が重要な都市として注目されるのは、なにも豊臣秀吉の町づくりからではない。それよりもっと以前の五世紀の後半ごろである。

一九八七（昭和六二）年、大阪市中央区法円坂《ほうえんざか》にあった市立中央体育館の敷地から五世紀末の大型倉庫群が発掘された。ほぼ正方形の建物跡が東西二列に並んで一六棟も見つかった。

これは、朝鮮半島や中国の宋《そう》と交流を持った雄略《ゆうりゃく》天皇の時代、外国との交易や交流のため難波の港＝難波津《なにわつ》につくった倉庫と推定されている。このころから難波は、国際貿易港として賑わっていた証しである。中国や朝鮮の使節は、瀬戸内海を経て難波津に上陸してここに泊まってから飛鳥《あすか》に向かったと考えられる。

このころ政治の中心は奈良の飛鳥にあったが、難波《なにわ》は難波津という国際港があったため、外交上極めて重要な都市となったのである。

## 難波の地が選ばれた事情

大和地方からこの難波に遷都して、宮殿を造営した天皇は四人。一五代応神《おうじん》天皇、一六代仁徳《にんとく》天皇、三六代孝徳《こうとく》天皇、四五代聖武《しょうむ》天皇である。このうち応神天皇と仁徳天皇の都は、いくつかの説があって所在地も詳細もわかっていない。孝徳天皇が造営した難波長柄豊碕宮《なにわながらとよさきのみや》は、先の倉庫群が発掘された中央区法円坂と近い位置にあったことが発掘調査によってわかっている。現在、難波宮史跡公園、大阪歴史博物館、NHK大阪放送会館が建つあたりである。

この難波宮は六四五年、蘇我入鹿《そがのいるか》が中大兄皇子《なかのおおえのおうじ》と中臣鎌足《なかとみのかまたり》に暗殺された「大化《たいか》改新《かいしん》」が発端である。このクーデターにより即位した孝徳天皇が、人心を一新して政治改革を行なうために難波に遷都して造営したのだ。

新しい政治を行なうためには、蘇我氏の勢力が残る飛鳥を離れる必要があった。そこで天皇が選んだのが難波だった。

なぜなら難波は、中国や朝鮮との外交、流通の拠点である難波津に近く、これまでも国際貿易港として、日本の王権と大陸を結ぶ重要な結節点だったからだ。さらに海外の進んだ文化や技術、情報が即座に手に入り、人、物、情報が集まって一大都市を構成していたからである。

古代の日本において、難波ほど先進的で国際色豊かに繁栄した都市はほかになかったはずだ。

この難波長柄豊碕宮は、六五〇年に造営が開始され六五二年に完成した。宮殿の様子は『遺跡が語る大阪のルーツ』のなかで、「その立派さはとても口では言い表わせないほどである」と『日本書紀』の記録を紹介している。

これまでの発掘調査では、唐の宮殿にならった楼閣建築を左右に建て、幾重にも門をつくり大きな広場の奥にひときわ大きな宮殿を設けた壮大なものだったようだ。

孝徳天皇は、中国や朝鮮からの渡来人であふれる国際都市にふさわしい壮大な宮殿を中国にならった。新しい都と政治に懸ける天皇の意気込みと、中国や朝鮮に対して自身の威厳を示したいという思いが、これまでにないほど壮大な宮殿にしたのである。

中国や朝鮮からの使者は、難波に到着してこの宮殿を見たとき、おそらく驚愕したにちがいない。

平城京や平安京の偉容は歴史の授業で習うが、じつはそれらの都よりもっと古くから、難波には壮麗な宮殿と一大国際都市が築かれていたのである。

# 観光スポット「新世界」はパリとニューヨークがモデルだった

大阪の観光スポットとして、近年、多くの観光客を集めているスポットのひとつに「新世界《しんせかい》」がある。新世界とは、大阪市浪速《なにわ》区《く》恵比須《えびす》東一丁目から三丁目にかけて広がる歓楽街で、大阪のシンボルタワー「通天閣《つうてんかく》」を中心に、レトロな街並みとグルメが堪能できる人気スポットである。休日ともなれば、通天閣や大阪の定番グルメ「串カツ」を求め、多くの人であふれかえる場所だ。

新世界という名は、ドボルザークの交響曲「新世界より」に由来するという説や、儒学者の藤澤南岳《ふじさわなんがく》が「天にも通じるように」という意を込めて名付けたとする説、江戸時代の記憶術のカリスマ和田守菊次郎《わだもりきくじろう》が創案したとする説など諸説あり、はっきりしない。

また、戦前は現在とはまったく違う姿だった。

新世界誕生の発端は一九〇三（明治三六）年のことである。同年、この一帯を会場として第五回内国勧業博覧会が開催され、会期中に五三〇万人を動員する好評ぶりだった。閉幕後、その広大な跡地は、東半分が天王寺公園となり、西半分が大娯楽場として開発されることになったのだ。これが新世界である。

その構想は、欧州の大都市を真似た美観をもつ街づくりであり、核となる施設として遊園地が計画された。街区のモデルはパリ街で、遊園地のモデルは、ニューヨーク・コニーアイランドにあるアミューズメントパークだった。

遊園地には、スケート場、絶叫マシーンなどのアトラクションや、「不思議館」「エジプト館」「氷山館」などのパビリオンがあった。

いっぽう、街区のシンボルとして、一九一二（明治四五）年に建設されたのが「通天閣」であり、これはパリのエッフェル塔をモデルにした。通天閣の高さは六四メートル（七五メートルともいわれている）に過ぎなかったが、当時としては東洋一の高さを誇り、また、隣接する遊園地とロープウェイで繋がれていたというから驚きである。

つまり、そもそも新世界は、テーマパークとしてつくられたものであり、かつてはそこにパリ風とニューヨーク風の風景が混在していたわけだ。

## ●1912年当時の通天閣

エッフェル塔をモデルにしたといわれる（提供：毎日新聞社）

## ●現在の通天閣

いまも変わらず新世界のシンボルとしてあり続けている

テーマパークとしてはじまった新世界だったが、その後、家族向き遊園地から大人の歓楽街へと姿を変えていった。

初代通天閣は一九四三（昭和一八）年一月一六日に、塔脚の映画館の火事によって焼け落ち姿を消している。現在の通天閣は、一三年後に二代目として建設されたものである。

# ここ大坂に銅の精錬所が栄えた理由は「水」だった

豊臣秀吉が町づくりを手がけた以降の大坂といえば、〝天下の台所〟と謳われたように商業都市の印象がある。しかし、製油業、醸造業、染物業、薬種業など、いわば工業都市でもあったのだ。なかでも銅の精錬業は、全国一の発展を見せ、各地から粗銅《あらどう》が集まった場所である。

輸出品といえば、一七世紀までは銀が中心だったが、一七世紀後半からは銅が最大の輸出品目になった。江戸時代、栃木の足尾《あしお》、茨城の日立《ひたち》、愛媛の別子《べっし》をはじめ各地に銅山が開かれ、当時の日本は、世界でも屈指の銅産出国であった。

このような時勢のなかで、大坂の堀川（運河）に面して銅吹屋《どうふきや》という精錬所が数多く集まった。粗銅は大坂湾から堀川を通して周辺の銅吹所に荷揚げされ、高純度に精錬された。『大阪まち物語』によれば、最盛期には一七か所も精錬所があったと記されている。

そのなかで最大規模を誇ったのが、長堀川《ながぼりがわ》に面した泉屋《いずみや》が経営する住友銅吹所だった。この泉屋こそが、のちの住友財閥のルーツである。

住友銅吹所のあった一帯は、現在の中央区島之内《しまのうち》一丁目、地下鉄堺筋線の長堀橋駅付近で、かつては「住友ノ浜」とも呼ばれた場所である。約一二〇〇坪におよぶ広大な敷地に、東側に銅吹所、西側に住友本家の邸宅があり、作業所では多くの銅吹職人が働いていた。

銅は輸出品の主力であったので、幕府は統制を行ない、大坂だけに精錬の独占権を与えた。当然、長堀界隈は大いに繁栄することになる。しかし、この地が銅の精錬所として発達したのは、なにも幕府のお墨付きがあったからだけではない。そこには、高い職人の技術と当時の大坂ならではの地の利があったのである。

## 大坂湾に通じる堀川を巧みに利用する

全国の鉱山で採掘された銅は、粗銅の状態で大坂に持ち込まれた。だが、この状態ではまだ不純物や銀を含んでおり、銅の純度は高くない。そこで粗銅から銀や不純物を取り除く必要があるわけだが、住友銅吹所の職人は「南蛮吹《なんばんぶ》き」という高度な技術を持ち合わせており、高い純度の銅が精製できた。

職人の技術だけなら、銅吹所を大坂に置く必然性はない。じつは泉屋は江戸時代より前、もともと京都に銅吹所を設けていたのだ。

ところが、京都には不都合があった。全国各地で採れた粗銅は、船で大坂湾から荷揚げされるため、そこから京都まで運ばなくてはならない。さらに精錬した銅をいざ輸出するにも、また大坂湾まで運ぶことになる。これは二度手間である。

それに比べて大坂湾に通じる堀川の近くは便利だった。長堀一帯は、北は長堀川、東は横堀川《よこぼりがわ》と四方を堀川に囲まれていたので、銅の輸送に適していた。

作業場の前の堀川の岸に銅の荷揚げ場を設けたことで、銅の輸送がひじょうに効率的になった。精錬された銅は、そのまま船で大坂湾を出て長崎に送られ、そして海外に輸出された。大坂の長堀は、流通において極めて便利な地だったのだ。

さらに『歴史の道・再発見　第四巻』（吉田晶編）のなかで、熱した銅を冷却するために、また銅の洗浄のために大量の水が必要だったが、四方の堀川からたやすく得ることができたことも指摘している。住友銅吹所では、長堀川の岸に水引場を設けて、そこから作業所の水溜めに水を引くことができたのである。

大坂の銅吹所が質の高い銅の精練所として日本一を誇ることができたひとつには、このような地理的条件もあったのだ。

この繁栄は明治の初めごろまで続いたが、しだいに大坂の銅吹所は縮小されていく。昭和二〇年ころまでは、住友家の別邸となっていたが、現在は、三井住友銀行の事務センターとなり、ビルの前に銅吹所跡の碑が建ち、往時の繁栄を偲ばせている。

# 茶の湯が京都ではなく、なぜ大阪の堺で花開いたのか？

現在の堺市《さかいし》は、大阪府の中南部に位置し、大阪市に次ぐ第二の都市である。その堺が、国際交易都市として隆盛を極めたのは、室町時代後半から江戸時代初期にかけてのこと。明《みん》貿易や南蛮貿易の拠点として、堺の町は大いに潤い、そして発展していった。

その豊かさを反映するかのように堺では、和歌、連歌、猿楽《さるがく》、謡曲《ようきょく》などの文化が花開き、京都に代わる文化都市へと成長した。

とくに、鎌倉時代に大陸から京都に伝えられた喫茶の風習は、室町時代になると京都に代わって堺でわび茶として発展する。

わび茶を確かなものにしたのが堺の豪商たちだ。村田珠光《むらたじゅこう》の子・宗珠《そうじゅ》、武野紹《たけのじょう》鴎《おう》、津田宗達《つだそうたつ》、今井宗久《いまいそうきゅう》などである。茶の湯の文化は、堺で花開いたといっても過言ではない。

わび茶を芸術にまで押し上げたのが、豪商でもあった千利休《せんのりきゅう》である。利休は茶を立てる部屋を独立させ、わずか二畳程度の狭い茶室をつくった。茶会の形式や作法、茶道具に至るまで、あらゆる面に独創的な工夫をこらし、茶の湯の典型をつくりあげたのである。

戦国武将も茶の湯を愛好し、織田信長や豊臣秀吉はたびたび茶会を催した。こうして茶の湯は、堺の豪商からはじまり、武将、文化人にまで広まっていった。

ではなぜ茶の湯は、茶がはじめてもたらされた京都ではなく、ここ堺で発展したのか。茶の湯の文化が堺で花開いたのは、なにも偶然のことではない。

## 茶の湯文化は応仁の乱がきっかけ

まず、茶の湯が堺で栄えた第一の理由に、堺が戦火に巻き込まれなかったことが大きい。

時は応仁《おうにん》の乱《らん》。貿易船はほかの港にも出入りしたが、兵庫をはじめ瀬戸内海の港はたびたび戦火に見舞われている。その間、堺は戦火に巻き込まれなかったために、商船は、比較的容易に出入りできたのである。こうして財を成した豪商たちが、さかんに茶の湯文化をたしなみ、その豪商のなかから紹鴎や利休のような茶人が生まれた。

もうひとつは、京都にいた文化人がいっせいに堺に流入したことだ。京都が応仁の乱で戦場になったために、それまで京都にいた文化人たちが、戦火を免れようと堺に逃げ込み、結果、この地で文化の土壌ができるきっかけとなった。

堺に人々が流れた背景には、会合衆《えごうしゅう》という豪商が行政権や警察権を持っており、自治都市として堺を守っていたことがある。

豪商たちは、戦国武将に軍資金を渡すかわりに立ち入りを拒否し、堺の外周に深い濠《ほり》をつくった。宣教師ルイス・フロイスの手紙にも、堺は周囲に深い濠をめぐらし、治外法権的な安住の地と記している。つまり、堺は武士、僧侶、歌人、画人、茶人などあらゆる階級の人々を受け入れ、戦乱から人々が逃げ込む地だった。

そのため堺は、平和都市、環濠《かんごう》都市とも呼ばれた。近年の発掘によって南北約三キロメートル、東西約一キロメートルにおよぶ広大な環濠遺跡が発見されている。それが現在の内川や土居川にあたる。

さらに、関英夫氏が『堺の歴史』のなかで、堺の地理的要因をあげている。イエズス会の宣教師ジョアン・ロドリゲスの記録によると、「堺は緑のない干からびた海浜にあり、泉や森もなく、狭い住いには庭や木陰さえない」と述べている。そこで堺の人々は、狭い裏庭に小さな木を植えこみ、それに囲まれた小さな家を建てることで、草庵をつくることを思いついた。いわば京都の「山居《さんきょ》」の観念を人工的につくりあげたというのだ。緑の少ない堺の地理環境が茶室をつくらせ、茶の湯を芸術に押し上げたのである。

また、堺が国際貿易港であったことも大きい。大陸から優れた茶道具が流れてきた。堺には茶道具の市場が立ち並び、茶道具の目利きを育てる土壌があったことも一因である。

# 大阪城天守閣のいまの場所は秀吉が建てた場所ではなかった

大阪城天守閣の威風堂々とした姿は、高層ビルが立ち並ぶなかにあっても精彩を放っている。大阪城は、大阪の観光スポットになくてはならない存在だ。

この大阪城を築城したのは豊臣秀吉と思っている人がほとんどであろう。しかし現在、大阪の街を見下ろしている大阪城は、豊臣秀吉が築城したものではない。現存する大阪城の基礎を築いたのは徳川幕府である。

たしかに、一五八三（天正一一）年、大坂城築城に着手したのは豊臣秀吉である。一年半後には天守閣を含む本丸が完成し、その後、二の丸、惣構《そうがまえ》、三の丸と拡張された。天守閣は東西一二間（この一間は約二メートル）、南北一一間あり、内部は地下二階、地上七階の九階建てで、高さは約三六メートルだったと推測されている。

大阪城天守閣学芸課によれば、秀吉が建てた天守閣は、関ヶ原の合戦以前では全国最大のもので、壁に黒漆《くろうるし》が塗られていたという。黒漆といえば、お箸やお膳などに塗る高級塗料である。それを建物全体に塗ったたというのだから、その贅沢さがわかるというものだ。さらに、天守は、金箔を塗った瓦を用い、最上階の壁面には黄金を施していたという。

秀吉の大坂城が落城したのは、大坂夏の陣での豊臣軍敗北のときである。このとき、豪華な天守閣も焼失。そして、徳川の世になった一六一九（元和五）年、二代将軍徳川秀忠《ひでただ》によって、大坂城は再築され、一〇年後の三代将軍家光《いえみつ》の時代に完成した。こうして、二代目大坂城は、徳川幕府の西日本支配の拠点となったのである。

徳川家によって建築された天守閣は、外観が黒漆から白亜《はくあ》へと変わり、その高さは石垣を含め約五八メートルに達し、豊臣時代をはるかに凌《しの》ぐ巨大城郭だった。

## 徳川によって消された豊臣の大坂城

徳川幕府は、豊臣の権威の象徴を徳川へとすげ替えた。しかし、徳川が行なったのは、建物の建て替えだけではなかった。

現存する大阪城は、建物こそ徳川時代に建て替えられたとはいえ、塀や石垣などの土台の部分は、豊臣時代の遺構がそのまま再利用されていると考えられてきた。

ところが、一九五九（昭和三四）年の大阪城総合学術調査の際、本丸広場の地下で、自然石を野積みした石垣が発見され、その後の調査によって、この石垣が、秀吉が築いた初代大坂城の石垣であることが判明したのである。現在の大阪城の石垣すべてが、徳川時代のものであったのだ。

つまり徳川は、豊臣が築いた大坂城をすべて壊し、新しい大坂城を築いたことになる。

大阪城天守閣学芸課によれば、豊臣時代の天守閣は、現在建つ天守閣より四〇～五〇メートルほど北東にあったことがはっきりわかっているという。これは、秀忠が意図的に天守閣の場所を変えたというよりは、城全体を埋め立て、その上に建てたことで、場所がずれてしまったことによる。

現在、豊臣の天守閣の場所は、貯水池の一部にあたり、天守閣を示す碑や立札などはなにもない。初代豊臣秀吉の大坂城は、徳川の大坂城の下で、日の目を見ることもないまま、ひっそりと埋もれたままなのだ。

ただ徳川の天守閣も、今日まで無事にきたわけではない。竣工からわずか三九年後に落雷で焼失し、以後、天守閣が再建されることはなかった。

大阪城の天守閣が蘇ったのは一九三一（昭和六）年のことで、高さ五四・八メートルの天守閣が、二六六年ぶりに再現された。

この三代目の昭和の大阪城は、徳川時代の土台の上に、豊臣時代の天守閣に摸したものが建つというなんとも複雑なもの。形は豊臣時代だが、色は徳川時代の白亜といった具合で、われわれが目にしている大阪城は、豊臣の天守閣でも徳川の天守閣でもないのである。

〈取材協力〉

総務省市町村課／国土交通省関東地方整備局／国土交通省近畿地方整備局／大阪府環境農林水産部／大阪市／羽曳野市／高槻市／藤井市教育委員会／大阪市交通局／大阪市歴史博物館／大阪城天守閣学芸課／しろあと歴史館／崇禅寺／坐摩神社／大阪地下街株式会社／阪神高速道路株式会社／西日本電信電話株式会社／日本橋総合案内所

〈参考文献〉

『大阪府の歴史』藤本篤ほか、『大阪府の歴史散歩　上・下』大阪府の歴史散歩編集委員会編、『大阪府の百年』小山仁示・芝村篤樹、『堺の歴史』関英夫（山川出版社）／『維新政権　日本歴史叢書　新装版』松尾正人（吉川弘文堂）／『住所と地名の大研究』今尾恵介（新潮社）／『〈政事家〉大久保利通─近代日本の設計者─』勝田政治、『「民都」大阪対「帝都」東京　思想としての関西私鉄』原武史（講談社）／『角川日本地名大辞典』、『日本地図のたのしみ』今尾恵介、『堺の歴史』朝尾直弘ほか（角川書店）／『ニッポンの塔』橋爪紳也（河出書房新社）／『ぼくらの近代建築デラックス！』門井慶喜・万城目学（文藝春秋）／『鉄道地図残念な歴史』所澤秀樹（筑摩書房）／『城下町古地図散歩4』高橋洋二編、『地名に刻まれた歴史』平凡社地方資料センター編（平凡社）／『天下の台所・大坂』脇田修監、『よみがえる日本の城1大坂城』中井均・三浦正幸監（学習研究社）／『近代大阪年表』NHK大阪放送局編、『景観から歴史を読む』足利健亮（日本放送出版協会）／『大阪の地名由来辞典』堀田暁生編、『日本歴史地名辞典』藤岡謙二郎編、『地下鉄の謎と不思議』谷川一巳、『上方風俗大阪の名所図会を読む』宗政五十緒編（東京堂出版）／『最新　大阪ものしり辞典』創元社編集部編、『大阪市の歴史』大阪市史編纂所編、『大阪の橋ものがたり』伊藤純ほか、『モダン道頓堀探検』橋爪節也編、『大阪まち物語』なにわ物語研究会編、『絵はがきで読む大大阪』橋爪伸也（創元社）／『日本の地名がわかる事典』浅井建爾（日本実業出版社）／『日本列島飛び地の謎』浅井建爾（廣済堂出版）／『意外な歴史が秘められた関西の地名100』武光誠、『堺　海の文明都市』角山榮（PHP研究所）／『大阪地名の由来を歩く』『大阪・関西の「謎と不思議」を歩く』若一光司（ベストセラーズ）／『大阪学』大谷晃一（経営書院）／『大阪今昔散歩』原島広至（中経出版）／『大阪「駅名」の謎』谷川彰英（祥伝社）／『史跡名所探訪　大阪を歩く　大阪市内編』林豊、『おおさか図像学―近世の庶民生活』北川央編、『御堂筋ものがたり』三田純市（東方出版）／『なにわ考古学散歩』大阪市文化財協会編（学生社）／『中近世都市の歴史地理』足利健亮（地人書房）／『「河内名所図会」「和泉名所図会」のおもしろさ』森田恭三（和泉書院）／『大阪モダン　通天閣と新世界』橋爪紳也（NTT出版）／『鉄道ライバル物語　関東vs関西』三好好三（JTB）／『ふるさとの文化遺産　郷土資料事典27　大阪府』齊藤建夫編（ゼンリン）／『パギやんの大阪案内ぐるっと一周［環状線］の旅』趙博（高文研）／『列島縦断地名逍遥』谷川健一（冨山房インターナショナル）／『大阪の橋』松村博（松籟社）／『大大阪モダン建築』高岡伸一・三木学編（青幻舎）／『河内今昔事典』冨田寅一（叢文社）／『大阪都市形成の歴史』横山好三（文理閣）／『大阪史蹟辞典』三善貞司（清文堂）／『なにわの碑を訪ねて』杵川久一（新風書房）／『中之島』中之島をまもる会編（ナンバー出版）／『大阪地名の謎と由来』池田末則監（プラネットジアース）／『歴史の道・再発見　第4巻』吉田晶編（フォーラム・A）／『大日本製薬100年史』（大日本製薬株式会社）／『青山四方にめぐれる国―奈良県誕生物語―』廣吉壽彦ほか（奈良県）／『藤井寺市史』（藤井寺市）／『高槻市史』（高槻市）／『道修町発展の歴史』（道修町資料保存会）／『くすりのまち道修町』（くすりのまち道修町資料館）／『遺跡が語る大阪のルーツ』（大阪市教育振興公社）／『寝屋川史話100題』寺前治一（寝屋川市教育委員会）／朝日新聞／読売新聞／日本経済新聞／産経新聞／大阪日日新聞／北國新聞

〈ウェブサイト〉

国土交通省／国土地理院／大阪府／大阪市／堺市／高槻市／寝屋川市／藤井寺市／中津市／茨木市／吉見町／大阪府文化財センター／大阪市史編纂所／奈良県立橿原考古学研究所／大阪港ベイエリア開発推進機構／近畿総合通信局／大阪市立図書館／日本民営鉄道協会／日本管路更生工法品質確保協会／カトリック中央協議会／天保山山岳会／空堀商店街／毎日放送／でんでんタウン／財務・財政研究会／あべのハルカス

**監　修**
**谷川彰英**（たにかわ・あきひで）

1945年長野県松本市生まれ。松本深志高校を経て東京教育大学(現筑波大学)教育学部に進学。同大学院博士課程修了。柳田国男研究で博士(教育学)の学位を取得。筑波大学教授、理事・副学長を歴任するも、定年退職と同時にノンフィクション作家に転身し、第二の人生を歩む。学問の枠を超えた自由な発想で地名論を展開し、現在、テレビ・ラジオなどでも活躍する。筑波大学名誉教授。主な著書に『47都道府県・地名由来百科』（丸善出版）、『戦国武将はなぜその「地名」をつけたのか？』（朝日新書）、『千葉 地名の由来を歩く』（ベスト新書）など多数。

カバーデザイン　杉本欣右
カバーフォーマットデザイン　志村謙（Banana Grove Studio）
本文デザイン　Lush!
本文図版　伊藤知広（美創）

本書は『意外と知らない“上方”の歴史を読み解く！ 大阪「地理・地名・地図」の謎』（2013年9月／小社刊）を再編集の上、文庫化したものです。

**地図《ちず》に秘《ひ》められた「大阪《おおさか》」歴史《れきし》の謎《なぞ》**

2016年10月27日　初版第1刷発行

監　修………………谷川彰英
発行者………………岩野裕一
発行所………………実業之日本社
〒153-0044　東京都目黒区大橋1-5-1 クロスエアタワー8階
電話（編集）03-6809-0452　（販売）03-6809-0495
http://www.j-n.co.jp/
印刷所………………大日本印刷株式会社
製本所………………大日本印刷株式会社
©Jitsugyo no Nihon Sha.Ltd 2016　Printed in Japan
ISBN978-4-408-45675-1（第一趣味）

落丁・乱丁の場合は小社でお取り替えいたします。
実業之日本社のプライバシー・ポリシー（個人情報の取扱い）は、上記サイトをご覧ください。
本書の一部あるいは全部を無断で複写・複製（コピー、スキャン、デジタル化等）・転載することは、法律で認められた場合を除き、禁じられています。また、購入者以外の第三者による本書のいかなる電子複製も一切認められておりません。